U0904553

冷水沟村

山东村落田野研究丛书

张士闪 李 松 总主编

赵彦民 著

山东大学出版社

《山东村落田野研究丛书》编委会

总序

编纂一套山东村落田野调查方面的丛书，立意甚早。20多年来，以山东大学为核心的山东民俗学团队，每年都会安排多次村落田野调查活动，许多博士、硕士学位论文也以村落为田野点，注重对田野材料的挖掘与分析，紧贴乡土作实证研究，迄今竟有百村之数。学术论文的阅读群终归有限，将这些辛苦得来的第一手田野资料，以写实的手法呈现出一个个真实的村落世界，向社会提供一份可信的国情资料，一直是我们共同的心愿。

2016年夏，山东大学民俗学研究所与山东大学出版社共同策划、申报"山东村落田野研究"选题，并于2017年春被列入国家出版基金规划资助项目，夙愿终偿。我们从以山东村落为田野点的博士、硕士学位论文中遴选出20种，邀约作者遵循"深描村落生活，凸显村民主体，梳理乡土文脉，展现国情底色"的原则，进行改写或重写。为使这一原则不致落空，我们课题组密集举办三次小型研讨活动，达成如下共识：

首先，小中见大，述而见议。这套丛书所选村落虽然都在山东，但学术视野并不自我设限，讲究以小见大，寓学理于讲述之中，助推对于中国社会的深入理解。这需要作者秉持综合、开阔的学术眼光，既关注村落的历史脉络，涵括其驳杂的历史动态，又聚焦当今村民主体话语，反映村落的社会现实和未来走向。

其次，关注传承，着眼动态。在乡土社会发生剧变的当下，我们理应重新观察和思考作为人类最基本的生活共同体的村落，关注其自治传统的传承及组织机制，得出符合其自身历史实际和内在逻辑的阐释。村落描述，不应该成为乡村琐事的拼盘，也不是对于一个个村落凝固幻象的编织，甚至也

不应满足于立此存照式的一幅幅风俗画。我们深信，就在众多村落所呈现的异同之间，蕴含着中国基层社会的真正奥秘。

再次，村民本位，日常视角。坚持村落民俗志描述中的村民本位，摆脱那种将文人的文字传统视为“唯一性知识”的旧习，将村民日常使用更广泛的口述、物象、仪式等知识形式，放在至少是与文字同等的位置。我们深知，白纸黑字所代表的文字表达传统，仅仅是占社会总体人数很少的文人阶层所推重的一种特殊知识形式，而远非人类知识之全部。在乡村社会中尤其如此。将村落的历史、当下与未来贯穿起来的村民，在“过日子”中凝结而成的丰富知识形式，理应在村落民俗志中显现光彩。我们期望这套丛书出版后，不仅供学者研究、都市人阅读，还有村民愿看，甚至成为村落典藏。让乡土知识真正实现“从民众中来，到民众中去”，是我们最大的心愿。

新世纪以来，随着以全球化、都市化为特征的现代生活的迅速普及，乡土民俗的连续性、系统性、整体性已严重受损，曾作为中国社会主体的乡土村落正经历巨变。但无论如何，村落依然是中国传统文化的重要承载地，农民是绝不可轻忽的文化传承主体。当代学者的一项重要使命就是关注村落，将村落中的人、事、文化传统与生活现状等视为一个整体，通过深描村落社会运行的逻辑，阐释村民的生活世界及其赋予生活的意义之所在，并在此基础上对其组织形态、机制及变迁予以描述与推导，这对于理解中国乡村文化传承乃至整个中国社会大有裨益。我们深知：梳理中国村落的历史来路，叩问其从何而来；展示由形形色色民俗事象所构成的村落人文世界，理解现状与内在脉络；观察村落在现代化进程中的遭遇与新创，关注其向何处去——这应该成为村落研究介入当代中国社会发展、彰显乡村文化茁壮活力的基本向度。

一、中国村落研究传统

生于乡土，终老乡土，曾在漫长岁月中被绝大多数国民视若天经地义，这一社会事实本身即足以显示村落的意义。我们相信，“在村落中研究”（格尔兹语）的学术实践，在当今“世界史”“全球史”风起云涌之际，不仅没有过时,而且不可或缺。毕竟,无论是重述"亚洲",还是重述"世界",我们仍要以乡土中国为立足点。

传统意义上的村落,自有其历史渊源与发育过程。村落社会的组织与运行,离不开稳定的民俗传统的传承。民俗传统既具有群体规约性质,又能为民众提供身份认同与人生意义,因而蕴含生机,常在常新。村落之为"问题",乃是19世纪末20世纪初,一批知识分子基于晚清社会之变局"眼光向下"的产物:一方面,受西方入侵影响,新的生产方式与经济结构已日益内嵌于中国基层社会,传统时代城乡互动的社会运行模式被打破,作为中国乡土社会基本单元的村落日渐萎缩,成为当时中国社会整体发展失衡状况的表征之一;另一方面,以"西学东渐"为背景而形成的革命性、现代性强势话语,逐渐渗入乡土社会,持续改写着村落发展的内在逻辑,造成了民间自治传统的失衡或断裂。[①] 以此为背景,乡土社会成为当时知识精英普遍关注与"拯救"的对象,村落则成为中国现代学术研究的重要单元。

诚然,学术活动不能没有研究单元的设计。20世纪上半叶,以费孝通、林耀华等为代表的中国学者,就注意选择村落或村寨为研究单元,并在其学术生涯中长期坚持,认为村落既是便利研究者做全面了解的较小的社会单位,又是反映人们社会生活的比较完整的切片。[②] 其中奥秘,恰如英国人类学家布朗所强调的,对于一个村庄进行细致入微的研究的意义在于——既要看到村落社区生活的某一个方面在整体的社会生活中的功能,也要看到这个村落本身的组成结构。[③] 钟敬文在1983年中国民俗学会成立的讲话中,将"搞民俗学当然着重在广大农村"当作不言而喻的前提[④],后又在不同场合多次表述,获得了国内民俗学界的广泛响应,乃至成为经典范式。20世纪90年代初,刘铁梁从民俗传承生活空间的角度,论述了村落作为基本研究

① 参见张士闪:《"顺水推舟":当代中国新型城镇化建设不应忘却乡土本位》,载《民俗研究》2014年第1期。

② 参见费孝通:《江村经济——中国农民的生活》,商务印书馆2001年版,第24页。

③ 转引自赵旭东:《权力与公正——乡土社会的纠纷解决与权威多元》,天津古籍出版社2003年版,第10页。

④ 参见钟敬文:《民俗学的历史问题和今后的工作》,载《钟敬文自选集》,首都师范大学出版社2008年版,第409页。

单位的意义，明确了村落研究在民俗学学科中的理论地位。[①] 时至今日，以村落为单元进行研究的学者仍为数众多，跨越民俗学、人类学、社会学、历史学、民族学、艺术学等学科。诚然，在国土广袤的中国，无论从事怎样的课题研究，从相对自成体系而又较小的村落生活共同体入手，自有其合理性，而且有望产生深厚的学术理论意义。更何况，村落研究还被赋予认知历史、立足当下、面向未来的重要使命。村落形态尽管一直处于或微或巨的变化之中，但它所塑造的文化模式与传统，在可预见的未来中国仍具重要价值，乃是不争的事实。

但与此同时，对于以村落为研究单元的批评一直不绝于耳。美国学者施坚雅的批评可谓尖锐："研究中国社会的人类学著作，由于几乎把注意力完全集中于村庄，除了很少的例外，都歪曲了农村社会结构的实际。如果可以说农民是生活在一个自给自足的社会中，那么这个社会不是村庄而是基层市场社区。"[②]在施坚雅的"市场圈"理论之后，又陆续出现了祭祀圈、婚姻圈、联村组织等研究范式，对村落研究模式予以拓展，努力将村落单元置于更大范围的区域社会脉络中予以理解。毕竟，村落社会并非村民的简单集合，村民生活也并非只与村落有关。自古及今，村民与村外世界联系的普遍性是无可置疑的。[③]

围绕村落作为研究单元的种种争论，有相当多的误解在内。比如：对于村落生活共同体的基本理解，是被动、静态，还是动态、开放？争论双方其实是基于不同的预设。村落研究，如果将村落理解为动态、开放的社区，就应该成为从村落出发的研究，以小见大地拓展个案研究的价值，而那种从较大区域展开的研究，如果将村落理解为被动、静态的社区，也不见得就一定贴

---

① 参见刘铁梁：《村落——民俗传承的生活空间》，载《北京师范大学学报（社会科学版）》1996年第6期。最近，他对此作了更明确的表述："村落被民俗学者视为田野调查的最佳场域，也是最基本的空间单位……民俗学把村落作为一个整体的小社会进行观察和分析。在村落中观察到的民俗文化事象，具有时空的限制意义。"（刘铁梁：《"深描"中国村落文化变迁》，载2017年7月10日《中国社会科学报》）

② ［美］施坚雅（G. William Skinner）：《中国农村的市场和社会结构》，史建云、徐秀丽译，中国社会科学出版社1998年版，第40页。

③ 即使在前现代化时期，村落本身也不可能像老子所说的"鸡犬之声相闻，民至老死不相往来"，如多村共用一庙、信仰仪式的村落轮值等。当代学界热衷于以"古村落""传统村落"等为研究对象，频繁使用"原生态""原汁原味""本真性"等概念，其实都是以将封闭自足视作村落的"典型"状态为预设的。

近了“农村社会结构的实际”。其中的关键,是对于乡村社区与村民主体之间互动关系的理解,而不在于所选择的研究单元的大与小。即便是规模不大的村落,毕竟也是民众多种力量共存的、活态的生活共同体。其实,在中国乡土社会研究中,真正让人遗憾的是对于村民主体性的轻忽或漠视,这是在上述研究模式中一直未能得到根本改变的死角。

二、村落研究,应聚焦民众主体

绝大多数的村落研究,往往将民众的文化笼统地归于“民俗”,似乎民众的文化生命是以“民俗传承”来丈量或维系的。厘清民众与民俗的关系,将有助于拨开笼罩在村落研究中的多重迷雾。民俗,究竟是民众自发的文化创造,还是基于“一二人倡之,千百人和之”的精英引领,抑或不过是国家大一统进程中“礼化为俗”的结果?细究之,上述三种观点虽都不免以偏概全,却也都道出了民俗的某一要义。若将三者统观,庶有助于对“民俗”乃至村落的理解。

首先,民俗的本质是民众主体的文化创造,自无可置疑。民俗传统,即民众在长期生活实践中,以约定俗成的方式促使某种价值规范发生从世俗到超验的升华过程。值得注意的是,这一升华过程绝不是一朝一夕所能成就,也并非一成不变,而是在民众生活共同体内部始终蕴含着多变的可能,呈现出活态性质。同时,再有力的国家行政运作,也无法随意篡改民俗传统或改变村落社会的民众主体性质。近年来对于当代村落的近距离观察,使我们更加确信:在当下新型城镇化的浪潮中,民俗传统不仅没有遁隐,而且变得更富弹性与多元。时至今日,某些村落的发展轨迹时显诡异,其“突然终结”与“奇迹再生”之现象让人大感迷惑。究其实,民众力量在社会剧变中的屈抑与释放当是理解这一现象的重要维度。

其次,自古以来,民俗的形成与发展均离不开知识精英的引领作用。我们在田野作业中发现,很多民俗传统一开始是作为事件应激之文化反应而出现的,如村落形成之初的生存所需、灾乱年头的秩序维持、太平时期的发展机遇捕捉等。这种因应激而形成的文化反应,不会随着事件的完结而迅即消失,而是沉淀、扩散到地方生活中,形成社会经验,此后又会在后发的事

件应激中被运用，最终磨合成一种社会行为模式。在应激事件、应激性文化反应与社会行为模式的互动过程中，离不开少数文化精英的有意识运作，并最终使之沉淀为乡土民俗。恰如“民俗”之作为现代学术概念，也是伴随着现代城市化的发展进程而为知识精英所发明并设置意义的。正像铃木正崇所说：“直到近代，‘民俗’与‘传统’在消灭和生成的间隙中得以发现。”①不过，少数知识精英的引领作用，从来是与其“适于时而合于势”的行为选择密切相关的。兹以地方志书中的灾荒记录为例予以简单说明。地方志书中总是凸显地方精英的非凡作用，比如为减税急赈而为民请命、订约立碑以控制社会秩序等，而将一方民众作为背景因素，至多以“民不聊生”“饥民四起”等语大略言之。这显然并非社会事实。实际上，精英的行为往往是受地方社会情势所激，其对于当时国家政治态势的估测，与对于地方民众心理的揣度，为其行为选择提供了关键性依据。但作为地方社会情势重要构成因素的民众，却在地方志书中被大大忽视了。

再次，中国很早以来就已形成所谓的“礼俗社会”，传统中国作为一个复杂社会系统，在民间生活与国家政治之间有着复杂而深厚的同生共存关系。纵观一部中华文明传承发展史，国家意识形态经常借助对民俗活动的渗透而在乡村生活中贯彻落实，形成“礼”向“俗”落实、“俗”又涵养“礼”的礼俗互动的政治框架。礼俗互动，既包括民众向国家寻求文化认同并阐释自身生活，也体现为国家向民众提供认同符号与归属路径。换言之，借助民俗文化的生机跃动，民间社会始终发挥着对于主流文化的葆育能力。以此为基础，在中国社会悠久历史进程中的“礼俗互动”，就起到了维系“国家大一统”与地方社会发展之间平衡的作用。② 国家政治与民间自治之间的互动关系，不仅形塑着社会组织的基本形式，也由此产生了社会生活层面的文化交织现象：“国家对村落的政治干预与民间自治之间有长期互动的历史，结果是形成了今天(家族村落)聚落联合体的基本组织形式。”③以此理解中国大地上的众多村落，庶有较通观的眼光。

① ［日］铃木正崇：《日本民俗学的现状与课题》，赵晖译，载王晓葵、何彬编：《现代日本民俗学的理论与方法》，学苑出版社 2010 年版，第 3 页。

② 参见张士闪：《礼俗互动与中国社会研究》，载《民俗研究》2016 年第 6 期。

③ 刘铁梁：《传统乡村社会中家庭的权益与地位——黄浦江沿岸村落民俗的调查》，载《北京师范大学学报(社会科学版)》2001 年第 6 期。

三、村民口述的意义

走进村落，不仅要关注“民生”，而且要体察“民心”，感受民众生活史与心态史的双重意义。面对民众的生活与文化，传统的学术工具似乎不那么灵光了。

比如，我们在村落调查中，经常有各种各样的困惑。为什么历史上的某一事件，会频繁地被村民表述，还被表述者加上了许多的发明和创造？不仅如此，看起来离“真相”越来越远的表述，反倒经常成为后人的话题中心，并在现世生活的裹挟下发生效用，而事件本身(即所谓“真相”)倒不见得重要了。还有，为什么是历史上的这一事件而不是另一事件，频繁地被这一地方而不是另一地方的人不断关注，并“折腾”出了这样的而不是别样的传统？有果必有因，有事必有人，民间自有其文化选择与传承的机制——没有关注，就不会有表述；没有关注和表述，就不会有传统的发明和创造。

显然，前者关注的是一种文化传承的线性历史，后者则关注其内在结构逻辑，耶鲁大学教授萧凤霞试图以“结构过程”①涵括二者。要想真正地解惑答疑，就必须在具体的区域社会空间中将二者结合起来，关注某一传统从过去到现在的建构过程与多元指向，并特别聚焦其主体表述。这一研究模式的策略是，一种传统在不同时代留下的表述有或微或巨之别，而就在种种表述的同异之中，蕴含着区域社会发展的历史脉络与内在逻辑。因此，我们的工作首先是挖掘各种表述，然后在各种表述之间寻找关联，总结民间叙事的特征，并在此基础上还原“社会事实”，建构逻辑关系。鉴于历史上官方、知识精英与民众的互动情形驳杂不一，我们今天所见的“传统”基本上都已经历过无数次改写，只是我们难以知情罢了，因此必须保持足够的警觉。这也意味着，我们在关注传统的线性历史脉络的同时，要特别关注地方社会中人的创造能力及创造逻辑。

用这样的眼光看，民间口述材料中所谓的“随意性”，不但不应是拒绝采信的理由，反倒要视为民间叙事乃至地方生活的应有特征，为我们解读历史

① 萧凤霞:《廿载华南研究之旅》，载《清华社会学评论》2001年第1期。

提供了一种相对稳实可靠的地方逻辑。一个人(当然也包括多人)对于同一事件的不同表述,既可以是基于生活状态与交流情境不同而形成的差异,也可能是他对事件表述的不同侧面的选择,还可能是他自身"觉昨非而今是"而有所改变的结果。叙事者,既是能动的个体,又会受到国家历史进程与地方社会发展格局的影响。更重要的是,国家历史进程与地方社会发展并不是作为人类个体活动的静态背景而存在的,而是通过无数个体的能动性活动才得以实现的。个体与群体的叙事及其他行为,对于地方社会发展与国家历史进程的推动作用,至今尚难以准确估测,但在它们之间存在着至为复杂的关联与互动关系,则毫无疑问。因此,民间叙事基于村落生活而呈现出的所谓"随意性",不但不是田野研究的绊脚石,反倒蕴含着学术进步的契机,因为这是理解村民的历史观、价值观的必由之径。

村落中的民间叙事,还会努力保持与地方志、族谱、文人著述等文字传统的一致性。比如,它们都倾向于将本地区的历史与文明传统演绎得悠久古老,竭力与上古圣贤、神灵怪异建立关联,以贴近"人杰地灵"的叙事逻辑。显然,地方社会一直在不断地重新定义和建构自身传统的神圣与伟大,只不过官方和文人的叙事多以县境为单元,村民则多以村境为指向,官民之间经常发生的"文化合谋"即在此背景下展开。这与现代婚礼上对于恋人"缘分"的演绎,电视选秀者对其生平际遇的"赋值"等现象,如出一辙。其中的关键是如何建构叙事的合理性,以感染受众,并挟以自重。由此可知,执着于对民间叙事证实或辨伪的学者,既难以理解历史,也不能洞悉民众智慧。

村落研究,是不能不将历史学与民俗学、人类学的研究方法加以综合运用的。就村落史研究的学科传统而言,历史学追求历史真相,其研究注重证实或辨伪,而民俗学、人类学则关注民众如何记忆历史,以及为什么这样记忆历史。村民的历史记忆可以是虚构的、附会的、可改变的,因为它指向的是意义。比如,在山东各地的移民传说中,潍水以西大都说是来自山西洪洞大槐树(有的强调是由河北枣强中转而来),潍水以东的胶东半岛则普遍流传着"小云南移民"的说法。虽然众口一词言之凿凿,但在历史上不可能村村如此。然而,人们还是将传说演绎为一种显赫话语,争相讲述、争论与传播。在争来说去之间,这一传说就被广阔地域的人们演绎为一种有意义的历史记忆,衍生出文化认同、精神安顿等现实意义。克拉克认为:"人类学者

一向比社会学者和历史学者对于历史意义的重要性更为敏感。和'什么事实际上发生过'同样重要的，是'人们以为发生过什么样的事'，以及他们视它有多么重要的。"①真正的村落研究，不仅是在为包括历史学在内的多种学科提供民众口述资料，其实还有更为重大的使命，就是挖掘和呈现民众生活实践中的文化创造及其价值建构。遗憾的是，后者至今仍为包括民俗学者在内的众多学人所轻忽。

四、以学者与村民合作的民俗志书写方式，推进当代村落研究

近年来学界劲吹"田野风"，进入村落成为时尚。特别是有老建筑遗存的古村，学人更是纷至沓来。热衷于进村者，并非都出于对村落价值的珍视与对村落发展的关怀，但对村落的影响却是强大而持续的。在这一切的背后，是国家战略聚焦乡村，社会资本涌入乡村，乡村成为当代社会的"宝地"。

历史告诉我们，乡村社会的良好发展是国家长治久安的基础。不过，在此时此刻，如下追问也许并非多余：我们真正了解我们匆遽进入的乡村吗？我们所理解的、要保护的乡村文化生态是自然真实且可持续的吗？我们的意愿也是生于斯长于斯的众多父老乡亲的愿望吗？这方水土会因我们的进入而更加美好吗？须知，在"现代化发展"这一庞然大物面前，乡村自然与人文生态系统是何等脆弱，而乡村所积淀的传统智慧对于人类未来发展则弥足珍贵，任何人、任何力量都无权损之毁之。广阔的农村天地首先需要被准确认知，然后才有可能"大有作为"。面对村落，如何才能更好地认知、更深入地理解与更准确地描述呢？

就本套丛书的众多作者而论，虽然早先在博士、硕士学位论文的写作过程中，已对村落有相当了解，但受到学位论文写作时间的限制与研究能力的制约，其村落民俗志描述少有村民的内部视角。我们期望在这套丛书的写作中，通过学者与村民的深度合作，尽量多地呈现二者的不同视角，尽

① [美]克拉克(Samuel Clark)：《历史人类学、历史社会学与近代欧洲的形成》，贾士蘅译，载[加]玛丽莲·西佛曼、P. H. 格里福编：《走进历史田野——历史人类学的爱尔兰史个案研究》，(台北)麦田出版股份有限公司1999年版，第386页。

量多地留存鲜活的乡土气息。

1. 对于村民的内部知识，不妄加评论，而采用现象描述的方式，呈现真实的民众心态。

初入田野者，最常见的毛病便是盲从自己的知识“先见”，乍见村落种种现象，就匆匆忙忙做类型区分和价值判断。比如，对于村民信仰活动，或要评判是否迷信，或要区分是道教还是佛教。这样的知识“先见”，其实是基于对中国社会的肤浅理解。看似荒诞不经的言行，往往背后蕴含着民众的真实心态，是解读村落心史的难得资料。本套丛书中《胡集村》一书的作者王加华，曾携初稿进村交流。村民以当地说书前惯用的几段开场白[①]为证据，坚持认为本村起源于春秋时期，已有 2000 多年历史。这一说法无疑是非历史的，却正反映了村民希望将本村历史拉长与神圣化的真实心态。作者最终定稿时，对此就没有予以简单地抹杀或揶揄，而是在列举地方志书中的“明初立村说”之后，呈现村民的“春秋立村说”及其依据，同时保留村民的其他说法，这无疑是确当的。

当然，在学者与村民的交流中，也会有村民揣摩学者意图而对村落内部知识加以改装，往学者这边贴靠。这既与现实生活中学者话语的强势地位有关，也表现出村民对外来话语(包括学者)的利用心态，后者尤其值得注意。一些有见识的村民，一旦察觉到学者话语有助于所在村落的“增值”，往往就会抛弃己见，欣然赞同学者的说法，甚至热心地帮助寻找证据。虽然这也是村落知识增长的一种方式，但目前却还处于不稳定状态，需要将之与村落中比较稳定的知识范畴相比照，否则，我们对村落的理解就不免浮光掠影。

2. 丛书最后特设专章“村里的人　村里的事”，附录“重要民俗资料提供者简介”与村民所用文献，以凸显村民的主体叙事视角。

“村里的人　村里的事”专章的设计，意在以词条单列的方式，突破传统村落民俗志书写的静态幻象，在以事带人的生动描述中展现村落中的特

① 胡集书会汇聚南北说书人，常用的开场白有：“道德三皇五帝，功名夏后商周，五霸七雄闹春秋，顷刻兴亡过首。”“孔夫子周游列国，子路沿门教化。柳敬亭舌战群贼，苏季子说合天下。周姬佗传流后世，古今学演教化。”“扇子一把抡枪刺棒，周庄王指点于侠。三臣五亮共一家，万朵桃花一树生下。何必左携右搭。”

色文化。要想做到这一点并不容易。如张士闪和张帅在完成《洼子村》一书初稿后，曾专门回村细读给7位老人听，在热烈的讨论交流中，重新审视或矫正书中的原有观点。有村民尖锐地提出，原书稿过于突出巫婆神汉、善人及其信仰活动①，应该为本村烈士、支前英雄"树碑立传"，突出"教师村"的形象，并提供了相关资料。我们据此进行调整，新增"教师村""红色记忆"两个词条，与原有的"公事总理""礼仪人家""善人"等并置相映，就明显合理多了。这一修改书稿的过程，其实是学者与村民的两种叙事风格的并置与互动的过程，由此形成的村落民俗志自然会较前丰厚许多。

重要的民俗资料提供者，通常属于村民心目中"会看事""会办事""会说话"的人，经常代表村民向外人表述"村落文化"，其话语当然也会经过其自身的选择、加工而具有个人色彩。我们需要进一步观察，大多数村民会认同他作为村落文化代言人的角色吗？不善于对外人表述的大多数村民，如何评价他的话语？学者的到访，是促成了村民对其话语的接受还是相反？这些都需要格外留心。书后所附"重要民俗资料提供者简介"，意在呈现其个人基本信息，供读者进一步了解与思考。

书后所附的村民文献，与学者所撰写的正文文本形成有趣对比。学者与村民之间，注意点不同，知识储备、思想局限有别，而对村民村事的价值预设也差异明显。比如，围绕同一个村落的民俗志表达，学者所感兴趣的是如何呈现其所理解的"村落"，往往是看了地方志、地图、家谱、碑记等以后，再去跟村民交流，有时候还会事先阅读相关论著。当今学者还会特别看重祠堂、庙宇、信仰仪式、巫婆神汉等，认为这代表了地方文化生态的完整性。对于村民而言，村落则是他们身在其中、终身归属的"家园"。曾记得在2002年，洼子村的几位村落精英接受村委会布置的一项任务，要向外来民俗专家介绍村落文化，他们将之分解成"村志""民俗概况""文化教育概览"三部分，分别撰文描述。显然，他们将"村落文化"理解为历史、民俗与"高层"文化（并视为本村的特色文化）等三大层面，这一分类颇有见地，对于我们今天理解村落及民众心态仍具启发性。

长久以来，中国乡村社会经过反复的礼俗教化，形成了基于农耕经济

① 张笃杰："看了这书，外人还以为洼子村就知道整天烧香拜佛呢！"张笃杰，山东省淄博市淄川区罗村镇洼子村人，长期担任中小学教师、校长，现退休在家。

的社区共享传统，它以乡村公共利益的高度共享来实现乡土社会秩序的长期稳定，以社区节庆、生活礼仪、生产互助、乡规民约、信仰仪式等民俗传统为传承载体，构建起中华文明绵延不断的社会基础，也是支撑当代中国乡村可持续发展的重要文化资源。当代学者应服务当下中国社会发展的现实需求，扎根村落，深入传统，以此为基础提炼研究方法与理论，建构田野研究的中国话语。我们这套丛书愿意在这一学术方向上进行尝试，抛砖引玉。

最后还要说明的是，这套丛书写作时间正值暑期，尽管各位作者都有博士、硕士学位论文的研究基础，但因丛书定位所强调的视角转换，需要大量的补充调查，有的干脆是返工重做。今夏大热，感谢各位作者不避酷暑，按时完成撰写任务。因时间匆遽，本套丛书不尽如人意之处，敬请读者诸君批评指正。

张士闪

2017 年 8 月 31 日

前言

对于冷水沟村的了解，最初是通过满铁的调查资料《中国农村惯行调查》第4卷。笔者虽说祖籍是山东，但至2010年到济南工作为止，从未有机会到过山东境内，对冷水沟村几乎没有任何知识储备。其后，随着对华北农村相关著作、论文与资料的不断接触，冷水沟村不断地进入自己的视线，它在很多的著述中被提及。如果说其为“学术名村”，似乎也不为过吧？在较多的文献资料中，令笔者印象较深的是对该村的宗教活动，即对20世纪40年代前后该村祈雨活动的描述。这些描述给笔者带来的直观感受是冷水沟村是一个有着显著“传统文化”特征的华北村庄，也许正是这样的一种先入观，使笔者萌生了日后要到该村走一走、看一看的想法。

2012年5月13日，笔者利用一个周日，与同事韩朝建老师一同赴冷水沟村进行了初次田野调查。我们搭乘公交车从洪家楼出发，中途倒车一次，10余公里的路程，大约一个半小时后，才到达了目的地。道路沿途的水泥高架、落成与建设中的高层住宅社区和当地政府部门规划的工业园区代替了想象中的农村田园风景。随着城市的不断膨胀与扩张，冷水沟村已经不再是传统意义上的村庄，而是成为城乡结合部的一部分。在城市化进程的冲击下，村庄传统的生产生活方式已发生极大改变。

进入冷水沟村，我们在村委会偶遇刘春财书记。刘书记对我们的突然到访并未表现出困惑，而是给我们提供了最大的帮助，耐心地为我们介绍了村庄近年的发展概况与未来规划，并送上了2010年编撰的《冷水沟村志》。访谈结束后，刘书记还为我们引见了村志编撰者之一的王希孟老人。王希孟老人带着我们在村庄里漫步，他一边向我们介绍村庄的地理、概况，

一边讲述着村内的风土人情。“这儿曾经是玉皇庙，那儿过去是三官庙，关帝庙在这儿……”王希孟老人对村庄的掌故娓娓道来，如数家珍，他对乡土的熟知与渊博的知识令我们叹服。在与王希孟老人进一步的交流过程中，我们吃惊地发现，从文献资料中获知的村庄“传统文化”印象与今日现实的冷水沟村之间存在着巨大的落差。例如，在冷水沟村，作为“传统文化”标志的庙宇、碑刻、仪式活动等都已不复存在。我们愈发感到，随着中国社会的快速发展，村庄的文化记忆时刻都在发生变化，而记录村庄的日常生活则成了一件必要且紧迫的事。初次调查结束后，我们将冷水沟村作为本科生“社会调查方法”课程的田野实践地点，不定期地带领学生对村里的老人实施生活史访谈。文中个人生活史的部分源于课堂实践搜集整理的口述资料。上述这一系列过程，是选择冷水沟村为书写对象的主要原因。

本书由六个部分构成，前五部分作为村庄的生活史，以文本资料和部分访谈资料为中心，从村庄的概况、村落礼俗、宗族与家庭、仪式活动、生产生活等五个方面展开描述，最后一部分以村落中生活的个体为对象，对个体的生活史进行了书写。这样的安排主要基于如下的思考：以地域或村庄为单位进行描述时，出于对研究对象的整体的考量，通常会忽视对个体的关注；相反，以个体为对象，会有零碎和疏于对整体考量的弊端。因此，本书试图从整体与个体两个层面对村庄展开描述，立体地呈现和阐释村庄的特征。

现今，冷水沟村正面临着拆迁。数年后，冷水沟村有可能消失在瞬息万变的社会发展之中。在这变化的节点，如果本书能为冷水沟村留下一点记忆，将不胜荣幸。

作　者

2017 年 7 月 8 日

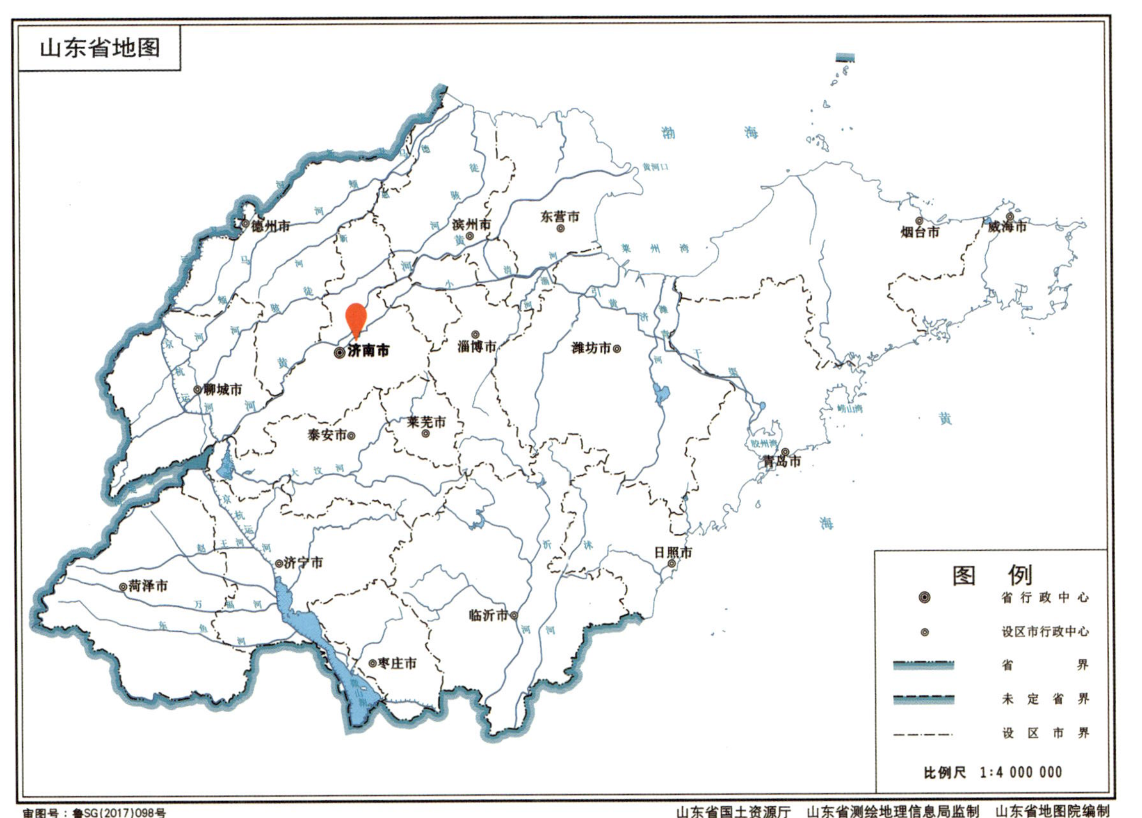

冷水沟村地理位置示意图

目录

第一章　金滩头，银坝子，吃不穷的冷水沟 1

一、村落由来与行政变革 1
二、土地、边界、人口 8
三、农作、互助、市集 19
四、村庄庙宇 24

第二章　村落的礼俗 33

一、婚姻礼俗 33
二、生育礼俗 38
三、丧葬礼俗 40
四、村落节日 44

第三章　村落的宗族与家庭 49

一、宗　族 51
二、家　庭 57

第四章　村落的仪式与活动 65

一、祈　雨 65
二、乡村艺术活动 75
三、老年协会 78

第五章　村民的生产与生活 82

一、土地改革前的地主与佃户 82
二、土地买卖、赋税、钱会 84

三、解放与土改 89
四、合作社、人民公社 91
五、改革开放以后 93

第六章　村里的人　村里的事 96

一、李兴渭老人的生活史 96
二、王希孟老人的生活史 105
三、程克兴老人的生活史 112
四、任友河老人的生活史 121

后　记 130

第一章 金滩头，银坝子，吃不穷的冷水沟

一、村落由来与行政变革

> 我们这个地方，冷水沟是个富裕地。过去有句话："金滩头，银坝子，吃不穷的冷水沟。"冷水沟为什么吃不穷呢？因为冷水沟四周全是稻田，我们这里是"鱼米之乡"啊！

上述这段话是村中的老人们对村庄过去的回忆。去冷水沟访谈调查，都能从不同老人的口中听到如此的感叹。老人们记忆中的冷水沟是一个水资源丰富、盛产稻米、生活相对富足的村庄。

冷水沟位于济南市东北约10公里处的市郊，行政上隶属历城区王舍人镇。济南市近郊的农村地带除南部山区和该村西部标高约600米的华山外，几乎都是黄河流域延绵不断的华北平原，冬麦和玉米是这一地区的主要农业生产种植作物。冷水沟村虽也处于华北平原这样的生态环境之下，但它北靠小清河，地处白泉水域，村东西均有大面积水塘，地下水与地表水极其丰富。水稻是该地的主要种植作物。"冷水沟"这一村名的由来，也与周边的水系生态有关。

在20世纪40年代日本满铁对冷水沟村的调查中，关于村名的由来有如下的记录：

> 明洪武年间，因山东地广，根据朝廷的移民政策从河北枣强迁至此地。在道光二十二年(1842 年)编撰的李氏族谱的序中有冷水沟由来的记载。(李氏一族)明初从枣强迁居历城，落户东北乡冷水沟庄。据说冷水沟庄的由来是因为在庄的中央有一条自东南向西北曲折走向的水沟，平时水沟干涸无水。①

从上述的记录中，可以推测出冷水沟跟村中的李氏有关，但李氏并不是该村最早的村民。关于这一点，在该村的由来中还有如下记述：

> 很久以前，这里飞来了一些红头苍蝇，被红头苍蝇叮咬，人就会得疫病而死。那个时候，杜和王这两个姓的人们，因为做豆腐，屋里生火冒了很多烟，未被苍蝇叮咬而幸存。此后，明代洪武年间从河北枣强迁移来很多人。这些从枣强县迁移来的人的子孙后代是两瓣小脚趾，他们认为即使现今也是可以辨别清楚的。这些历尽艰辛来到这个地方的先祖们，发现了从地下涌出的泉水。把手伸进泉水，泉水又清澈又凉爽。因此，他们便把自己的村庄称为“冷水沟”。②

在大量移民迁至此地之前，该地已有杜氏和王氏两姓。根据上述族谱和民国时期满铁调查资料来看，李氏、谢氏等村民大多是在洪武年间移民至此。他们作为迁移至此的外来人在讲述自己的身份认同时，两瓣小脚趾是他们与本地人的一个区别特征。此外，他们在东北乡落户扎根，依泉水而居，所以称“冷水沟”。

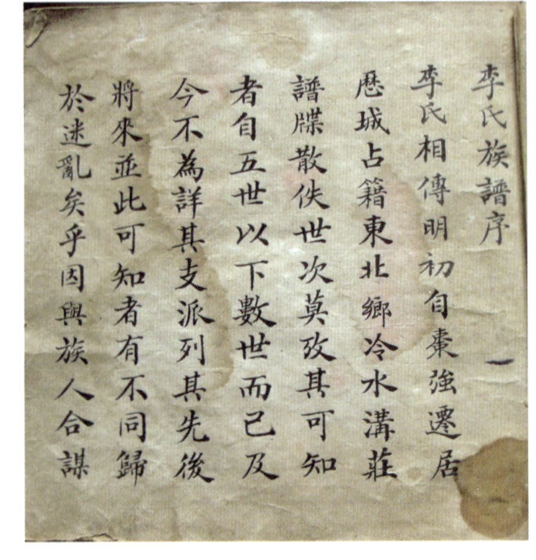

李氏族譜序

李氏相傳明初自棗強遷居歷城占籍東北鄉冷水溝莊譜牒散佚世次莫攷其可知者自五世以下數世而已及今不為詳其支派列其先後將來並此可知者有不同歸於迷亂矣乎因與族人合謀

《李氏族谱序》(局部)
(笔者摄于 2015 年 5 月 13 日)

但是，现今所指的冷水沟村与当时的冷水沟村在村庄范围上有所不同。在现今的冷水沟村东

① 中国农村惯行调查刊行会编:《中国农村惯行调查》第 4 卷，岩波书店 1955 年版，第 55 页。

② [日]中生胜美:《中国村落的权力构造与社会变化》，亚洲政经学会 1990 年印制，第 10 页。

现今的李家庄(笔者摄于 2015 年 11 月 15 日)

南约 200 米处有李家庄。20 世纪前半期,冷水沟村的保甲簿上记有全村 376 户,其中李姓 188 户。李家庄全村 73 户中,仅有刘姓 1 户。满铁调查人员在调查时,问及两村的关系,村民的回答是没有任何关系。但是,满铁调查人员发现,在冷水沟村玉皇庙内三官庙的东侧墙壁上立于天启二年(1622 年)的碑有"济南府历城县邑东,冷水沟李家庄,古有三官庙……"的记述,在西侧壁天启五年(1625 年)的碑上有"冷水沟李家庄"的字样,并且在玉皇庙东侧的碑上也有"济南府历邑城东北冷水沟李家庄"这样的说法。巧合的是,在李家庄立于乾隆二十三年(1768 年)"李家庄重修三圣庙墙垣桥梁记"一碑及立于乾隆四十七年(1782 年)"李家庄重修……"碑文中亦有相同记载。由此可以推断:至少在康乾时期,现在的冷水沟村与李家庄一同被称为"冷水沟李家庄"。①

由此可以看出,在康乾时期以前,冷水沟庄所指范围要更大一些,可以推测李家庄是康乾时期以后基于某种理由从原有的村庄中分离出去的。清乾隆三十六年(1771 年),冷水沟庄②隶属历城县张马乡闵孝三里。③ 此后至 20 世纪前半期,这样的行政隶属关系因循未改。1920 年,设大乡制,称"冷水

① 参见中国农村惯行调查刊行会编:《中国农村惯行调查》第 4 卷,第 55 页。
② 从上述的碑文来看,这一时期的冷水沟庄还包含李家庄在内。
③ 参见冷水沟村志编纂委员会编:《冷水沟村志》,2010 年印制,第 17 页。

20 世纪 40 年代的冷水沟(照片采自《中国农村惯行调查》第 4 卷)

沟乡”,冷水沟村为乡公所所在地。大乡制是一种编村的形式,冷水沟乡包含 5 个村庄,即冷水沟庄、杨家屯、孟家庄、李家庄、水坡。这样的编村制虽然是把相近的村庄进行了统合,但在功能上并未对联村制度有明显的体现,没有形成由几个村庄组成的自卫组织,也没有共同的学校和市集,各村还是以独立形式存在的。① 1928 年实施了第二次大乡制,在行政上的名称为“历城县张马区冷水沟乡冷水沟庄”,冷水沟乡由冷水沟庄、东沙河庄、西沙河庄、李家庄四村组成。此时,乡公所设置在西沙河庄,这是因为乡长居住于该村,乡公所是根据乡长居住的村落来设置的。庄或村下设段,冷水沟庄有八段,每段有一位首事,一般成为首事的人都是有土地、有能力的人。②

1935 年,闾邻制取代了大乡制,冷水沟全村由 14 闾组成,1 闾有 25 户。闾长在 25 户中选取,闾长的资格不限于富农,有威望的人即可成为闾长。1940 年左右,在日伪政权的统治下,开始实施保甲制,冷水沟村隶属历城县张马区第五保,在村内又分为甲、乙、丙、丁四保,甲保、乙保各有十甲,丙保、丁保各有九甲。20 世纪初期,冷水沟村经历了大乡制—闾邻—保甲三个不同时期。

日本战败后,1946 年,八路军的地下工作队进驻冷水沟村,为该村能够

① 参见中国农村惯行调查刊行会编:《中国农村惯行调查》第 4 卷,第 20 页。
② 参见中国农村惯行调查刊行会编:《中国农村惯行调查》第 4 卷,第 23~25 页。

顺利解放进行了事前准备工作。1948 年 8 月 14 日，解放军进入冷水沟村后，向原有的庄长、保长、甲长等村基层行政组织宣告冷水沟村已经解放。当年秋天，在解放军的工作队的领导下，冷水沟村成立了农会，1949 年解散了原有里甲制度下的基层村落政权，由农会接管村政权。农会的成员由村民组成，但出身成分不好的人不能加入农会。当时，农会主任是李文才，副主任是任延庆。农会分 12 个小组，每一个小组选出一位组长。农会以外，还成立了青年团组织和妇女联合会。农会是临时政权，在 1951 年村政府成立后，农会便作为行政机构成了村政府的下级组织。①

在 1951 年村政府成立的同时，冷水沟村进行了土地改革。1950 年，收获的粮食可以在市场进行自由买卖。1951 年秋，排查了全村的土地状况，进行了土地改革，并发放了“土地证”。土地改革从宣传到结束，持续了约 1 年的时间。土地改革后，1951 年的冬季开始，冷水沟开始着手成立农业生产互助组。这是基于 1951 年 9 月 20～30 日中央召开的第一次全国农业互助合作会议指导精神。会议通过了《中共中央关于农业生产互助合作的决议(草案)》，在中央政策的引导下，冷水沟村成立了 13～14 个互助组。初期的互助组的成员构成仅限于贫农，中农以上成分的家庭禁止加入。加入与退出互助组没有限制，加入互助组的家庭大多都是没有劳动力或没有生产农具、运输车辆或耕地用牲畜的，一般是由近邻、亲属或同族关系，即由“合得来”的家庭组成互助组。到 1953 年末，解除了对中农以上成分的家庭加入互助组的限制，由此村内的互助组增加到了 17 组。随后，全村 80％以上的村民加

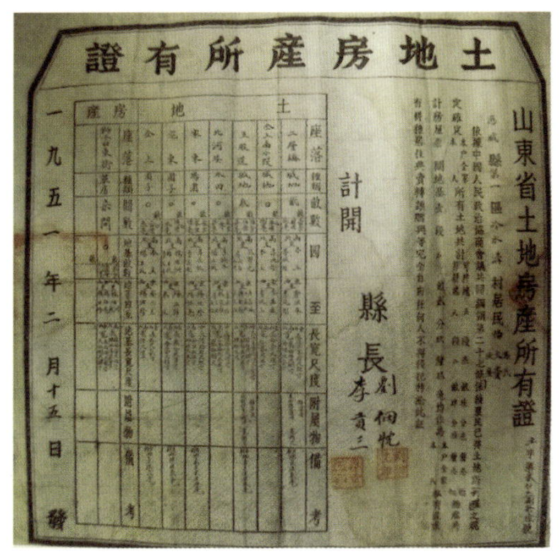

土地房產所有證

山東省土地房產所有證

計開

縣長

一九五一年二月十五日發

1951 年历城县颁发的土地房产所有证
(照片采自《冷水沟村志》)

① 参见[日]中生胜美：《中国村落的权力构造与社会变化》，第 44～45 页。

入了互助组。[①] 关于富农、地主成分的家庭加入互助组的状况，李兴渭老人作了如下讲述：

……家里在“土改”以后能维持生活。一开始有互助组，后来又有了初级合作社和高级合作社。成立互助组的时候，因为家庭成分是地主，不让我们参加，高级合作社的时候就都加入了。[②]

1953年秋，在互助组的基础上，全村成立了8个初级合作社。与互助组不同的是，初级合作社内个人没有土地所有权，个体作为劳动者，根据劳动量的多少进行粮食分配，即自初级社起进入到了土地集体化时代。关于从互助组到初级社过程中土地的所有形式，王希孟老人作了如下回忆：

初级合作社时，俺家地归公了，其他人家的地也全都归公了。生产资料都入了股，就是让你干啥活你就干啥活，然后挣工分，到时候按工分来分粮食，这个时候地就公有化了。其实“土改”本身就是把私有制变成公有制。后来呢，就是土地给你种，但地不是你的，而是国有资产。你就是拿着工分换粮食吃。[③]

冷水沟村由8个农业生产初级合作社组成，即新生社（社长为李占茂）、光明社（社长为李盛祥）、工农联盟社（社长为李兴俊）、和平社（社长为李元贵）、民生社（社长为谢长汉）、旭东社（社长为李宗渭）、向阳社（社长为张兆德）、解放社（社长为王永贵）。1955年，冷水沟村与水坡村合并成立了“东方红高级农业生产合作社”，由两村共计19个生产大队组成，王永贵为社长。[④] 这一时期开始，村民的土地、耕畜、大型农具等生产资料归集体所有，取消了土地报酬，实行按劳分配的原则。1958年，在全国开展了人民公社化运动。同年，冷水沟村与水坡村、杨家屯、李家庄组成历城县东郊人民公社，下设“冷杨营”，实行统一领导，分级管理和组织军事化、生产战斗化、生活集体化的生产生活模式。冷水沟村被编成4个连队，实行军事化组织管理，建立4个大食堂。1959年结束了“冷杨营”建制，恢复了冷水沟生产大队建制，王永贵任书记，李风珂任大队长。1967年，冷水沟村成立了“革命委员会”。

---

① 参见［日］中生胜美：《中国村落的权力构造与社会变化》，第52～53页。
② 访谈时间：2015年11月19日。访谈对象：李兴渭，男，冷水沟人。
③ 访谈时间：2015年11月19日。访谈对象：王希孟，男，冷水沟人。
④ 参见冷水沟村志编纂委员会编：《冷水沟村志》，第53页。

1975 年撤销，恢复了生产大队制。从 1949 年至 20 世纪 70 年代末期为止，冷水沟村经历了互助组、初级社、高级社、人民公社和“文化大革命”等农村社会的发展、变化与动荡。

“文化大革命”结束后，为了恢复正常的农业生产和提高生产力，在 1978 年召开的中国共产党第十一届中央委员会第三次全体会议上，作出了实行改革开放的新决策，启动了农村改革的新进程。农村改革的主要特征是“联产承包责任制”，在 1982 年中共中央批转的《全国农村工作会议纪要》中，明确指出包产到户、包干到户都是社会主义集体经济的生产责任制，鼓励农民发展多种经营，使广大农村逐步走上富裕的道路。在此背景下，冷水沟村于 1983 年开始实施土地联产承包责任制，以生产队为基础，把可耕地长期承包给各农户自主耕种，承包者收获后按承包亩数缴纳公粮、农业税，按人口和承包亩数的比例承担“三统五筹”，剩余部分归承包者所有。① 根据《冷水沟村志》记载，从 20 世纪 80 年代初开始实施联产承包责任制到 2010 年为止，该村的 1100 户农民家庭承包了本村所属土地 2892 亩，良性运转了 26 年。土地联产承包责任制的实施，使村民获得了生产经营自主权，极大地调动了村民生产积极性。②

村外建好的农村社区（笔者摄于 2017 年 7 月 17 日）

① 参见冷水沟村志编纂委员会编：《冷水沟村志》，第 75 页。

② 参见冷水沟村志编纂委员会编：《冷水沟村志》，第 75 页。

冷水沟村委(笔者摄于 2012 年 5 月 13 日)

进入 21 世纪,城市不断地向外发展。在行政区划上,随着王舍人镇改为历城区街道,冷水沟村也被纳入了城镇化规划的对象。城乡改造步入实施阶段,原有的村落即将被拆除,城市社区式的生活方式将替代传统的村落生活方式,这也是一些农村在城镇化过程中将面临的转变。

二、土地、边界、人口

(一)土地

如上所述,20 世纪初期至今,冷水沟村的经济结构经历了如下三个阶段,即 20 世纪 50 年代以前的传统的小农经济阶段、20 世纪 50 年代至 70 年代末的社会主义集体经济阶段、20 世纪 80 年代至今的集体所有农户承包经营的新型农村经营模式阶段。这个三个不同阶段也是农民的土地所有形式发生改变的过程。

1. 20 世纪前半期:传统小农经济阶段

20 世纪前半期,冷水沟村的土地约有 42 顷,其中有 14 顷(1400 亩)是水田,旱田约 28 顷(2800 亩)。旱田种植小麦、高粱和小米,与其他村庄没有大的差别。[①] 但是,在所有农作物中,水田种植的水稻比重是最大的,这也是冷水沟区别于其他村庄的重要特征。冷水沟村生产的水稻并不是作为口粮留给村民自己食用,而是几乎都作为商品贩卖到济南。旱田主要分布在村庄的北、东和南部,西南部主要是水田。村内土地最多的是杨云坡,他有自己的酿酒作坊,还有100多亩土地和村内最大居所,家里有长工四人和数量不定的短工。[②] 另外,村内土地较多的是任延明,他在济南生活,不居住在村里,村内有土地80多亩。[③] 除此之外,村里一般农户的土地面积平均有11亩左右。冷水沟村村民基本上是以农作生产为生计,没有非常特别的手工业经营者,相对来说是一个生活较富足的村落。[④]

村边玉米地(笔者摄于2017年7月17日)

在满铁资料中,有较多关于村民土地概况的调查。下面介绍一下满铁人员对时任冷水沟村丙保保长李凤坤、丁保第七甲甲长任福申的调查。李凤坤,当时家里有14亩土地,水田2亩、旱田12亩;任福申有16亩土地,水田3亩、旱田13亩。村内的土地按土地的颜色分为“白土地”“黑土地”“黄土地”三种。在这三种土地中,黑地的土质最好,最肥沃。一般把三种颜色的

① 参见中国农村惯行调查刊行会编:《中国农村惯行调查》第4卷,第21页。
② 参见中国农村惯行调查刊行会编:《中国农村惯行调查》第4卷,第56页。
③ 参见中国农村惯行调查刊行会编:《中国农村惯行调查》第4卷,第56页。
④ 参见中国农村惯行调查刊行会编:《中国农村惯行调查》第4卷,第56页。

土地分为三等,一等地每亩 300 元,二等地每亩 200 元,三等地每亩 80 元。[①] 村内的水田基本上是在湿地开垦的基础上形成的,使用泉水进行灌溉。通常在开垦水田的时候,都会选择在地中有泉源的地方,以此来进行灌溉。如果遇到干旱季节,会在他处另引泉水灌溉土地。

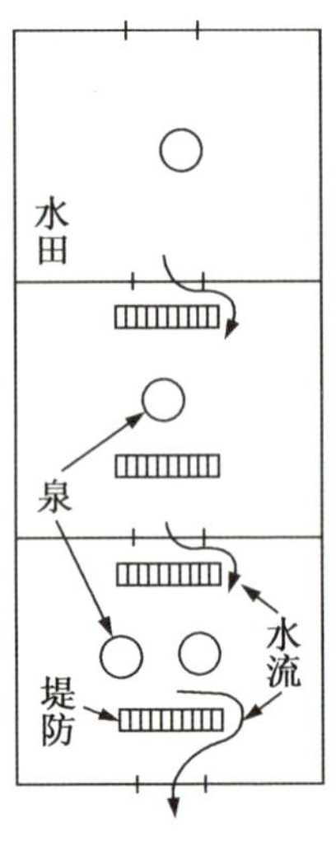

泉水灌溉示意图

在冷水沟村 370 户中,有 2 户本村人和 17 户居住本村的外村人没有土地。除此之外,大部分村民都是自耕农,把土地全部租种出去的是没有劳动力的女户主、不在村内生活的农户以及距离自己土地较远不便于耕种的农户。村内仅有 2 户把土地全部租种出去。一户是在上文中所提及的任延明,因为他离村在济南生活。另一户是在本村有 20 亩土地的寡妇于王氏,她把土地租给了李凤富。于王氏原本并不是本村人,她结婚后嫁到济南。于王氏嫂子的娘家是冷水沟村杨氏家族,因为这样的关系,于氏兄弟共同在冷水沟村买了土地,兄弟二人各有一部分。此后,哥哥卖掉了自己那部分土地,弟弟那部分土地没有出售,又因弟弟已经死亡,土地的户主就变成了于王氏。当初,于王氏的土地是通过嫂子的关系购买的,就没有把地籍变更至济南,仍然向冷水沟村缴纳田赋、附加税和各种摊款。[②]

这一时期,在冷水沟村内,根据土地所有的多少,村民的农业生计方式可大致划分为如下三种类型,即剩余土地出租型农户、自给自足型农户和租种土地型农户。剩余土地出租型农户是指所有土地除能满足自家生活外,把剩余土地租种给村内土地少或无土地的居户,抑或在农忙时雇用短工。例如,满铁调查资料中,调查员手持土地登记册向丁保三甲甲长李永祥确认时,有如下问答记录:

调查员:根据去年的土地登记簿,李永芑有土地 41 大亩,李凤桐有土地 41 亩,李兴仁有土地 41 亩,李永民有土地 32 亩,谢保林有土地 37 亩,他们现在还有这些土地吗?

李永祥:现在也有这些土地。

① 参见中国农村惯行调查刊行会编:《中国农村惯行调查》第 4 卷,第 156 页。
② 参见中国农村惯行调查刊行会编:《中国农村惯行调查》第 4 卷,第 3 页。

调查员：短工一个人一天能耕种多少地？

李永祥：一天能耕种6～7分地。

调查员：上述那些人自己耕种的时候，要雇用很多短工吗？

李永祥：是的。

调查员：那些人中有把土地租种出去的吗？

李永祥：只有李凤桐一人把地租了出去，其他人都是自己耕种。

调查员：一户如有40多亩土地，生活是不是很宽裕？

李永祥：很宽裕。①

从上述对话可以看出剩余土地出租型农户、自给自足型农户的农业经营状态；与此相对，在村内没有土地或仅有很少的土地，如租种土地型农户的生计主要依靠租种土地和外出打工来补贴家用。如：

调查员：在十二间中，谢长禄有2亩土地，他租种了几亩土地？

李永祥：他没有租种土地。

调查员：那他能生活下去吗？

李永祥：因为是四口之家，生活不下去，外出打短工。

调查员：打短工够生活吗？

李永祥：去集市上卖丸子，把原材料买回来在家做。②

除谢长禄这样有一点土地的村民外，在村中还有完全没有土地的住户。没有土地的住户依靠给村民提供一些零散劳动来换取一些口粮，以此为生。如：

调查员：李金季没有土地，他依靠什么生活？

李永祥：依靠看坡生活。他60岁，没有家庭，就独身一人。

调查员：看坡会有多少收入？够生活的吗？

李永祥：不固定，在麦子的收获期，从村民那里领取粮食作酬劳。

调查员：怎么领取？

李永祥：6亩地的小米给0.5升作为报酬，小麦给0.2升。③

如上所述，从村民的土地所有情况看，20世纪前半期冷水沟村的大部分

① 中国农村惯行调查刊行会编：《中国农村惯行调查》第4卷，第162～163页。
② 中国农村惯行调查刊行会编：《中国农村惯行调查》第4卷，第163页。
③ 中国农村惯行调查刊行会编：《中国农村惯行调查》第4卷，第163页。

农户的农业生产方式是自给自足的。没有土地的农户通过提供零散劳动的方式获取一定的酬劳，以维持生计。

2.20世纪50年代至70年代末：集体经济阶段

中华人民共和国成立以后，中央政府根据全国新情况，在1950年颁布了《中华人民共和国土地改革法》，明确规定废除封建剥削的土地所有制度，实行农民土地所有制，没收地主的土地，分给无地或少地的农民耕种，平均分配土地，以此来解放农村的生产力，发展农业生产。在这样的大背景下，冷水沟村在同年实施了土地改革。调查情况如下：

调查者：“土改”的时候怎么划分地主？

原村支部书记：根据家里几口人，有几亩地，看土地平均数。最后划分为32户地主、8户富农，其他大多数为贫下中农。贫下中农的具体的数量我记不得了。分地先分给贫农，贫农不够平均数的再分给一块。①

对于过去在村里土地较多而被划分为地主成分的农户，老书记作了进一步解释：

“土改”之前，地主在村里比较有威望，因为地主财大气粗。但地主不一定都是知识分子，村里的地主受教育程度不高，但我认为在冷水沟村不存在恶霸地主。不过，在斗争中，也有喊“打倒恶霸地主”的。但是要真正将他们划归恶霸地主，他们恐怕又不够格，就是土地多，又雇了几个长工，别的就没有了。也不是说，人品很坏，整天欺压别人。地主大多比较节省，比如说冷水沟村有个地主，他家吃饭，把卷饼卷起来，一口煎饼，一口小葱，竟节省到这程度。他也想着：我现在2亩地，什么时候再买上1亩。②

从老书记的这段话中，不难看出，村内的“地主”并非是压榨村民的真正地主，而是在小农经济阶段，在自给自足的基础上，通过土地不断积累财富。“土改”过程中，他们失去了土地并成为被批斗的对象。结果如下：

调查者：分完了之后，所有地都是一样的吗？

原村党支部书记：不一样。那时候的地分为五级，一级地1亩算

① 林聚任、解玉喜、杨善民等：《一个北方村落的百年变迁》，社会科学文献出版社2013年版，第381页。

② 林聚任、解玉喜、杨善民等：《一个北方村落的百年变迁》，第381～382页。

1亩，二级地1.2亩合1亩，到五级地是一亩六七分合1亩。要求是一样的，但我觉得分完之后中农的地比贫农的多些。当时分地的时候划得很细，房屋、土地、家庭工具等都分得很细。①

土地改革过程中，地主在乡村失去话语权，他们的土地被重新分配，村内每个农户都拥有了自己的土地，但这一时期，土地的私有制所有形式并没有改变。

土地改革以后，国家为了使农业能够由落后的小规模生产的个体经济变为先进的大规模生产的合作经济，在保留农民土地私有制基础上开展了农村社会主义改造及合作化运动。如前文所述，冷水沟村1954年成立了8个农业初级合作社；1958年成立了东郊人民公社，归属于各个农业合作社的土地和社员的自留地、宅基地等一切土地，连同牲畜、农具等生产资料以及一切公共财产都无偿收归公社所有。公社对土地进行统一规划、统一生产、统一管理，在农民分配上采用工分制。

在社会主义集体经济阶段，土地的所有制形式发生了根本性的变化，即通过互助组、合作社和人民公社等运动，土地由私有制逐步转变为社会主义集体所有制。

3.20世纪80年代至今：农村经营模式阶段

20世纪80年代初期，农村开始实施联产承包责任制，这一改革举措是农村土地制度的重要转折。具体而言，是指农户以家庭为单位向集体组织承包土地等生产资料和生产任务的农业生产责任制形式，土地的所有权归集体，农户拥有土地的使用权。在这样的背景下，冷水沟村在1983年开始实施联产承包责任制，全村1100户农民家庭承包了本村所属3892亩土地。②村民开始了自主生产经营，生活状况与前集体化时代相比发生了很大变化。关于当时村内实行联产承包责任制前后的生活变化，调查者对程克兴老人进行了采访：

问：大概是从什么时候开始您的家庭富起来了？

程：我？大包干以后啊！实行集体经济这么多年，我就得过一年钱，就是俺大孩子下了学以后，那年挣得工分多些。第二年就实行大包

① 参见林聚任、解玉喜、杨善民等：《一个北方村落的百年变迁》，第381页。

② 参见冷水沟村志编纂委员会编：《冷水沟村志》，第75页。

干了，我们原来人多劳力少，不欠村里的，也没赚村里的钱，既无内债又无外债。①

如程克兴老人讲述的那样，改革开放前，很多家庭由于家里人口多，劳动力少，年终时几乎没有剩余。实行联产承包责任制后，土地的收益有了剩余。生产关系也变得多样化，村民不再被完全禁锢在土地上，通过个体经营、外出务工等方式创收是这一时期的特征。

关于这一时期的状况，任友河老人根据自己的经历作了如下回顾：

> 就是八几年，俺两个人早晨起来卖油条，一早上一个人能赚 20 多元钱，两个人 40 多元钱。那时候一个壮工一天最多能挣四五元钱。无论是老师还是木工、瓦工，一天连 10 元钱都挣不上，而我们两个卖油条一早上能挣 40 多元钱。
>
> ……
>
> 随后俺也卖水果，苹果、橘子、梨、香蕉，各种各样的水果那时候都卖过。②

村内的个体经营者(笔者摄于 2015 年 11 月 15 日)

---

① 访谈人：王玺杰。被访谈人：程克兴，男，冷水沟村人。访谈时间：2015 年 11 月 19 日。访谈地点：冷水沟村委会。

② 访谈人：乌丽娅斯。被访谈人：任友河，男，冷水沟村人。访谈时间：2015 年 11 月 19 日。访谈地点：任友河老人家里。

(二)边界

随着村落人口的移动,土地所有关系发生转变,村落间的边界也不再那么固定。如果本村的土地卖给其他村的村民,本村土地就变为其他村的土地;相反,本村的村民购买其他村的土地,其土地就变为本村的土地。[①]

20世纪前半期,在冷水沟村边界处有些土地卖给了邻近村庄,但村内的土地没有转卖给其他村庄的。一般情况下,在村边界附近的土地,甲村民与乙村民之间不能自由交易转卖。村内土地的交易分两种情况:一是自家居所周围的土地几乎没有买卖交易的习惯;二是离自家居所较远的土地可以自由交易转卖。在甲、乙两村边界进行土地买卖交易时,要在地契上明确标出土地的方位,以示该土地位于两村的具体位置。本村人在外村购买的土地,称为“外庄地”,也要纳入到本村的土地面积中。[②]

上述土地所有关系,与田赋和摊款有直接关系。例如,冷水沟村的李晓山在赵家庄有18亩1分的土地,因为他在本村居住,所以他要把土地摊款缴纳到本村。此外,看一块地是否属于本村,一个重要依据就是看其田赋缴纳到哪里。如果田赋缴纳到冷水沟村,那么这块土地就属于冷水沟村;虽然人在本村居住,但如果田赋缴纳到其他村,这块土地也就不属于本村。因此,土地所在的位置并不重要,土地的买卖交易直接影响本村土地的面积,也直接影响本村内土地摊款和田赋的面积。[③] 也就是说,20世纪前半期土地的买卖和交易以及村与村之间的边界并不是固定不变的。

中华人民共和国建立后,如前所述,冷水沟村经历了土地改革。在土地改革中,村内土地的所有形态发生了根本性的变化。土改工作组清算了村内土地的面积(共计4000余亩),按照村内的人口,平均每人分配2.08亩土地。在土地改革的最后阶段,工作组向村民发放了土地证,上面明确记载了每户所有的土地面积、周边的土地所有者、土地的具体位置。可以看出,土地改革后,村民之间土地的边界较固定化。至高级合作社、人民公社

① 参见中国农村惯行调查刊行会编:《中国农村惯行调查》第4卷,第21页。
② 参见中国农村惯行调查刊行会编:《中国农村惯行调查》第4卷,第22页。
③ 参见中国农村惯行调查刊行会编:《中国农村惯行调查》第4卷,第22页。

时期，私有土地转变为公有制形式，村民个体之间的土地边界不再存在，土地的边界上升为村际之间的行政区划。例如，1958 年，历城县成立东郊人民公社，下设冷杨营，冷杨营包含冷水沟村、水坡村、杨家屯、李家庄等 4 个村庄。[①] 此时，实行"一平二调"的政策，即平均主义和无偿调拨，冷水沟村约 3000 亩的土地被调拨到杨家屯。[②]

(三)人口

冷水沟村人口的发展变化情况，总的来说呈现递增的趋势。根据满铁调查资料的记载，1940 年，冷水沟村大约有 370 户。[③] 村民居住较集中，呈密集型状态，这一状态的形成据说跟风水和当时防御匪贼有关。在 370 户中，有 50 户左右形成的聚落与全村稍有些距离。据说，最初迁至此地的一户看中了此处的风水而安家，此后随着人口的增加，逐渐以此户为中心形成了聚落。20 世纪前半期，影响村内人口变化的因素有外来寄居户、外出离村者和外出归村者。

1940 年，满铁人员来村调查时，寄居在本村的外村人有 8 户。这 8 户分别是：(1)马姓夫妇一户，以卖药为生，在村内没有店铺，在市集卖药；(2)刘姓夫妇，长清县人，佃户，在市场收购鸡蛋，再到济南贩卖；(3)刘姓夫妇和一个女儿，曲阜县人，没有土地，也不租佃，以用高粱秆编扎锅盖为生；(4)张姓乞丐；(5)姜姓夫妇，河北人，没有土地，也不租佃，以卖烧饼为生；(6)王姓夫妇和一个儿子，齐东县人，没有土地，也不租佃，以婚丧时吹喇叭为生；(7)田姓夫妇和一个儿子，籍贯不明，没有土地，也不租佃，与上述王姓一样以吹喇叭为生；(8)商姓人家。[④] 在 1942 年的满铁调查中，冷水沟村外来寄居户又增加了崔、马、董、陆、吴 5 户。[⑤] 这些外来寄居户入村生活，需要村内住户连带保证，同时要得到村长的许可。在村内生活期间，如果外来寄居户出现偷盗等现象，连带保证人要进行赔偿。这些寄居户入村后，基本上与本村人没有多少差别。因为寄居户在村内没有土地和自己的居所，所以不需要

---

① 参见冷水沟村志编纂委员会编：《冷水沟村志》，第 11 页。
② 参见[日]中生胜美：《中国村落的权力构造与社会变化》，第 55 页。
③ 参见中国农村惯行调查刊行会编：《中国农村惯行调查》第 4 卷，第 1 页。
④ 参见中国农村惯行调查刊行会编：《中国农村惯行调查》第 4 卷，第 2 页。
⑤ 参见中国农村惯行调查刊行会编：《中国农村惯行调查》第 4 卷，第 23 页。

负担田赋和摊款。寄居户在本村购买土地和住居后，可视为本村人。另外，一些寄居户虽然不购买土地和住居，但长期生活在本村，也可视作本村人。①

村内流动人口，除上述寄居户外，还有离村者和归村者。离村者是指携带家眷投奔到外乡的本村人。如果离村者的住所、土地、墓地等没有变卖，仍留在本村，即使居住在外，也被认为是本村人。另外，虽然举家在外，但能够按时缴纳田赋和分担村内摊款的，也被视为本村人。土地留在本村、家族迁出在外生活的村民，他们通常把土地交给亲族来管理，在摊款的时候，由管理土地的亲族代缴。例如，冷水沟村的李晓山，几年来一直没有回村，他把土地交给叔父打理，他的叔父每年从土地收入中拿出一部分缴纳摊款。与此相对，归村者是指暂时在外生活一段时间，再次返回本村生活的村民。这部分人即使是在离村时变卖了家产和土地，回村时没有住所和土地，仍可被本村接受，依然被视为本村人。②

中华人民共和国建立以后，根据日本学者中生胜美在20世纪80年代初对冷水沟村户籍的统计调查可知，80年代初冷水沟村有824户，3413人。③这一数据与上述20世纪前半期相比较，冷水沟村的人口约增长1倍。关于冷水沟村人口增长的具体要因，中生胜美根据不同年度的出生者划分了四个阶段，对每个阶段的人口增长或减少作了具体分析。第一阶段，从1950年开始，人口出生率急速增长，直至1957年为止；第二阶段，从1958年开始，人口出生率出现下降趋势，这种趋势持续到1962年；第三阶段，从1963年开始，人口出生率的水平又恢复到1950年的状况；第四阶段，人口出生率从1982年又开始呈现减少趋势。中生胜美指出，第一阶段人口增长与土地改革以后村民的生活水平上升以及卫生状态的改善和医疗知识的普及有密切关系，这些条件的改善是婴儿的死亡率降低、人口增长的主要原因；第二阶段人口减少是因为1958年“大炼钢铁运动”给冷水沟村的村民生活带来了比较大的影响，随后的三年自然灾害（1959～1961年）期间，粮食的不足及连带的营养不良导致婴儿的死亡率增高、女性受孕困难等；第三阶段又呈上升趋

① 参见中国农村惯行调查刊行会编：《中国农村惯行调查》第4卷，第23页。

② 参见中国农村惯行调查刊行会编：《中国农村惯行调查》第4卷，第23页。

③ 参见［日］中生胜美：《中国村落的权力构造与社会变化》，第14页。

势，是因为1963年以后解决了粮食不足的问题；第四阶段人口出生率又呈减少趋势，是因为80年代初期的计划生育政策初显效果。①

80年代初，冷水沟村的人口呈缓慢递增趋势。1980年全村人口为3457人，1989年为3517人，人口的平均增长缓慢。② 90年代，人口变化幅度很小。1990年全村总人口为3769人，1999年为3713人。此时期冷水沟村人口增长率保持相对较低的状态主要源于村内计划生育管理的力度。1988年，山东省颁布了《山东省计划生育条例》，冷水沟村执行国家计划生育政策达到100%，人口自然增长率一直保持在较低的水平上，全村生育二胎者从未超出国家规定的数额。③ 进入21世纪，人口呈略增的趋势。2000年全村总人口为3690人，2008年为3807人。④

清早忙碌的村民(笔者摄于2017年7月17日)

① 参见[日]中生胜美：《中国村落的权力构造与社会变化》，第14～16页。
② 参见冷水沟村志编纂委员会编：《冷水沟村志》，第21页。
③ 参见冷水沟村志编纂委员会编：《冷水沟村志》，第55页。
④ 参见林聚任、解玉喜、杨善民等：《一个北方村落的百年变迁》，第74页。

三、农作、互助、市集

(一)农作

20世纪前半期,冷水沟村的生计主要以农业生产为主,村民还以饲养家禽为副业,贴补生计。农作主要种类是稻作,冷水沟的水稻亩产达150斤;其次是高粱和谷子,亩产分别是50公斤和45公斤;第三是黄豆和小麦,亩产分别是50公斤和60公斤;另外还会栽种一些胡萝卜,供自家食用。[①] 这些作物,如大米开始贩卖到济南。在1940年满铁人员调查时,大米要卖给"新民会"[②];少量的高粱、谷子、黄豆和小麦等农作物,在农历初七和二十七拿到王舍人镇的市集上贩卖。村民生产的大米不留为己用,他们用大米获得的现金收入购买其他粮食。

村中的麦地与现代社区(笔者摄于2012年5月13日)

① 参见中国农村惯行调查刊行会编:《中国农村惯行调查》第4卷,第23页。
② 新民会是日本在侵华时期建立的反动政治组织,直接为日本侵略服务。

（二）互助

20世纪前半期，冷水沟村民在日常生活和农耕时，有“换工”“合伙”“看坡”“救贫”等互助形式。换工是指在除草或收割等农忙期间，两户农家自愿组合在一起，互相帮工完成生产的一种村民间的互助形式。在换工时，如果两个农户的耕地面积没有太大差异，就不会出现劳动力分配不均的问题。但如果两家的土地面积相差较大，甲户10亩，乙户5亩，在这样条件下换工，乙户就要提供2倍的劳动力。为了避免这样的劳动力分配不均所导致的不平等，甲户会利用别的机会对乙户提供劳动力补偿。[①] 此外，还有耕畜与劳动力相互交换的形式。这种形式通常是有耕畜的农户与没有耕畜的农户间的一种协同劳作关系。耕畜与人工劳动力有很大差别，所以这种互助关系没有一定的标准，通常是由两户之间共同商议，达成共识。例如，甲户借乙户一匹马使用一天，乙户给甲户提供一天的劳动；或者借一匹马使用一天，提供2～3天的劳动力。如果双方之间的关系较好的话，也有无偿提供使用的情况，但借耕畜方需要提供当天的草料。[②]

“合伙”，又称“合具”，是指农作业时生产工具和耕畜不足、大致条件相同的两家农户相互提供所需帮助的形式。“合伙”与上述“换工”不同的是，换工是暂时性的，合伙的关系是长期持续性的。另外，合伙这样的关系存在于两户之间，并且两户所持土地都是在10亩左右。[③] 合伙基本上是两户长期的生产协作互助关系，如果这两户之间没有大的分歧，同时彼此不提出不切合实际的要求，那么他们通常不会解除合伙关系。当两户中的一户家境败落，失去土地和耕畜，合伙已经失去意义时，可以解除合伙关系。在冷水沟村内，两户因为不和或矛盾解除合伙关系的事例没有出现过，如果因为这样的理由解除合伙关系的话，再在村内重新找合伙关系极为困难。1941年，满铁人员调查时，冷水沟村这样的合伙关系有80～90组。两户之间合伙关系的建立，并不限定于同族或亲族范围之内，近邻异姓间组成这样合伙关系

① 参见中国农村惯行调查刊行会编：《中国农村惯行调查》第4卷，第25页。

② 参见中国农村惯行调查刊行会编：《中国农村惯行调查》第4卷，第25页。

③ 一般村内持有20亩土地的农户，都会备置一套耕畜和农具，不需要合伙。而5亩以下的农户多是不具备足够的生产工具和耕畜，不具备合伙的条件。所以，合伙是村内大概持有10亩土地的两户之间、长期协同互助的一种生产关系。

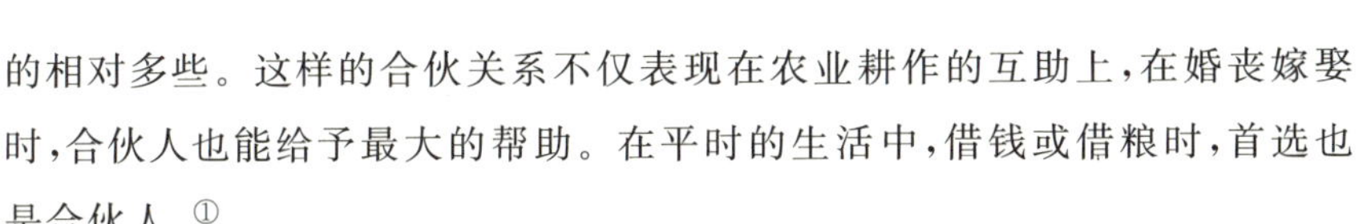

的相对多些。这样的合伙关系不仅表现在农业耕作的互助上，在婚丧嫁娶时，合伙人也能给予最大的帮助。在平时的生活中，借钱或借粮时，首选也是合伙人。①

看坡是过去流传下来的一种农作习俗，是指在农作物成熟期，为了防止被盗，村里选择合适的人进行巡视。看坡一般是从麦子成熟前两周开始，即农历四月下旬开始至五月上旬；秋作物的高粱、小米、大豆等作物是从成长期开始至收割时，即从六月中旬至九月中旬。看坡者一般是本村比较本分正直而且有时间的人，他们的生活大多比较困难。当然，村里也是想通过这种方式接济他们的生活。例如，1941 年满铁人员调查时，全村 8 名看坡人的名字和职业如下：

杜凤江，小贩。

李全孝，短工。

李长庆，有土地半亩，没有其他职业。

李宗公，剃头的。

李凤福，土地一亩，儿子是木匠。

谢怀岐，土地三亩，短工。

任福润，土地一亩。

杨庆云，土地二亩，长男为保卫团班长。②

看坡者在村中都是土地较少的人。在邻闾制时期，冷水沟全村分 8 段，当时由每段段长推选出一名看坡者。1941 年满铁人员调查时，冷水沟村实行保甲制，此时的看坡者由庄长决定。能被选任看坡者，还需要在村内有连带保证人。看坡者不管白天和黑夜都要巡视即将收获的庄稼地，每人手持一根白蜡棍子巡视一个区域，晚上要特别留心。如果遇上偷盗，庄稼损失较少时，看坡者到地主之家进行道歉，即可解决。如果庄稼损失较大，通常就认为是看坡人本人所为。③

救贫是指村内的贫民在生活出现困难时，村民对其帮助的行为。例如，村内有一女性带两个未成年孩子以乞食为生，她去村内各家祈求施舍时，村

① 参见中国农村惯行调查刊行会编：《中国农村惯行调查》第 4 卷，第 26 页。
② 中国农村惯行调查刊行会编：《中国农村惯行调查》第 4 卷，第 28～29 页。
③ 参见中国农村惯行调查刊行会编：《中国农村惯行调查》第 4 卷，第 29 页。

民都会给她一些施舍。救贫不限于本村，外村人有困难来本村请求救济时，村里和村民也会提供适当的帮助。对于这样的帮助和救济没有一定的标准，主要根据当时的具体情况。对于需要救助的人，村民或村里会提供一些适当的粮食或金钱。此外，在遇到水灾、火灾等灾害时，村民也进行互助。1937年，因为雨水过多，冷水沟村北部的小清河河水泛滥，致使周边一带村庄遭遇水害。时任冷水沟小学校长的谢星海接受满铁调查人员的提问：

调查员：1937年的时候是什么情况？

谢星海：这一年，因为冷水沟北边的沙河村的住居全部浸水，该村的大多数村民逃到了冷水沟村。冷水沟村只是土地被淹，村民的住居没有浸水，所以本村的村民接纳了从沙河逃难的村民。

调查员：沙河村来避难的村民与本村的村民不是朋友关系也被接纳吗？

谢星海：不是朋友关系……只要认识也会接纳他们。

调查员：1937年的时候，本村是用村费救济沙河村吗？

谢星海：没有使用村费。①

（三）市集

冷水沟村民的剩余农业产品、所需生产资料及日常生活用品，通常是在市集进行商品交易。冷水沟村附近较大的市集是位于村南约2.5公里的王舍人庄市集，每逢农历二、七之日开市。此外，距冷水沟大约4公里的大辛庄的市集是每逢四、九开市，距冷水沟村5公里的坝子每逢农历一、六开市。在商品交易上，三个市集没有特别差异和不同，坝子市集除进行一般的小商品交易之外，还进行耕畜的交易。市集上，农民主要是和商贩交易，也有农民出售家产的棉花、棉布等物品。商贩们往返于不同日期的市集，收购不同的商品。

日伪统治时期，冷水沟村盛产稻米，稻米要直接卖给新民会合作社。新民会合作社在王舍人市集那天来收购大米，然后再把大米卖给济南的

① 中国农村惯行调查刊行会编：《中国农村惯行调查》第4卷，第40～41页。

日本商人。[①] 新民会合作社在王舍人市集收购大米的同时，也会附带在集上贩卖一些火柴、面粉、灯油和肥皂等日用品，有时也收购一些鸡蛋和蔬菜。[②]

冷水沟村村民除了在市集上出售大米和其他粮食作物外，还直接向济南出售稻草。村内有专门贩卖稻草的中间人，他们在村内收购稻草后集中运到济南。具体而言，一捆稻草大约 1.5 公斤，市值 5 分钱，其中的 2 分钱要付给搬运工。一般是两个人用一辆两头牛或马拉的车把稻草运至济南，一天大约能卖 8 元，除去各种费用 5 元，利润大约是 3 元。作为副业，两人一天大约能赚 1.5 元。此外，还有用高粱秸秆交换建筑用砖的，800 公斤高粱秸秆可交换 1000 块砖。[③]

冷水沟村市集(照片采自《冷水沟村志》)

在市集上还有牲畜的交易。六月末至七月是牛市。在进行牲畜买卖时，需要有中间人。例如，买卖一头牛，中间人从一头牛的价格中每 1 元抽取 2 分作为报酬。谷物的交换主要是小麦和高粱，在市集上 1 斗小麦可以交换 2 斗高粱。1 斗小麦能作 10 天的口粮，而 2 斗高粱可作为 30 天的口粮。市集上的粮食交换一般都是在收获季节之后，即小麦是在五月以后，

① 当时大米禁止自由买卖，全村大米产量的 2/3 运到济南出售给日本谷米合作社，1/3卖给新民会。

② 参见中国农村惯行调查刊行会编:《中国农村惯行调查》第 4 卷，第 227 页。

③ 参见中国农村惯行调查刊行会编:《中国农村惯行调查》第 4 卷，第 227 页。

杂粮在八月以后，大米是在九至十二月，十至十二月、一至四月底向济南送草。此外，村民日常使用的油、火柴、纸、衣料及饲养牲畜的大豆和豆饼，也在市集上购买。①

20 世纪前半期，冷水沟村村民主要通过周边的市集与济南的往来交通进行商品交易，获取农业生产用具、日常生活资料和布匹等生活必需品。中华人民共和国建立以后，市集作为物质交流会延续了一段时间。现今，在村对面沿坝王路设立了市集，每逢农历二、七是王舍人镇集市，每逢农历五、十是冷水沟市集。此外，附近还有每逢农历四、九的大辛集和梁王集以及每逢农历三、八开市的滩头集市。

村东坝王路(笔者摄于 2017 年 7 月 17 日)

四、村庄庙宇

从满铁调查资料来看，冷水沟从建村至 20 世纪前半期一共有 5 座庙宇，即关帝庙、玉皇庙、三官庙、三圣堂、观音堂。

从庙宇碑刻的内容和年代来判断，三官庙和关帝庙建立的年代最早，都是明代时建立的。其次是玉皇庙，创建于清康熙年间。三圣堂、观音堂相对

① 参见中国农村惯行调查刊行会编:《中国农村惯行调查》第 4 卷，第 227 页。

较晚，可能是清嘉庆至20世纪前半期创建的。这些庙宇在村落中的作用与地位，似乎也与其历史长短有些关系，三官庙、关帝庙、玉皇庙都有村民捐地和庙产的记录，而三圣堂、观音堂则没有这方面的记载，很可能没有庙产。这些庙宇在1949年后都遭到毁坏，未能保存下来。

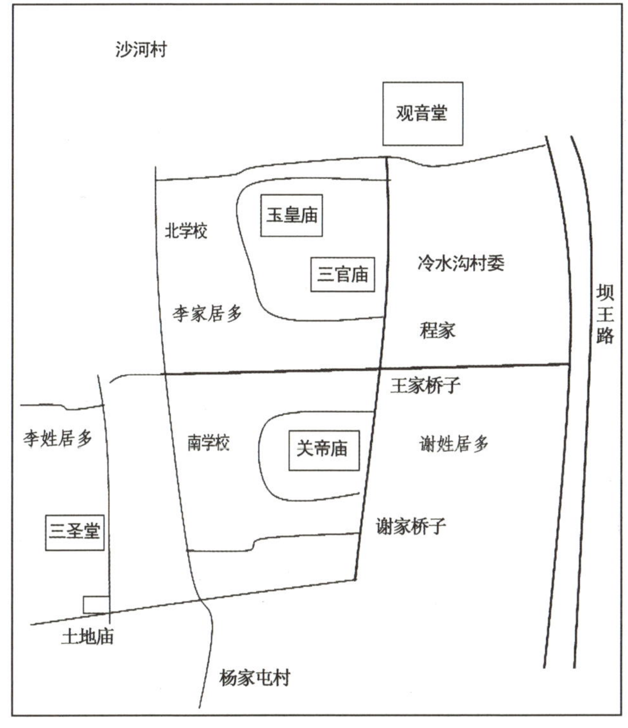

冷水沟村庙宇分布示意图

(一)关帝庙

在满铁调查资料中，收录了关于关帝庙的重修等11座碑刻记录。关帝庙的创建年代不详，立于崇祯三年(1630年)十一月的碑记录了重修山门的经过。募化者是“领袖”李应华、王美、李臻，另有“善人”李应武。捐资者有58人，其中李姓26人(不包括李门刘氏)，张姓5人，孔姓4人，王姓4人，韩姓3人，杨姓2人，刘姓2人，赵姓2人，冯姓1人，许姓1人，丁姓1人，魏姓1人，程姓1人，夏姓1人，生姓1人，李、郝门女性2人。详见如下碑文：

重修山门记

本庙山门久废，领袖李应华、王美、李臻不忍坐视，募化本庄善人李应武等兴工重修，以壮其一方瞻仰，谨将捐财捐工者姓名各勒石以纪之。

永垂不朽

李应诏、许配洪、李守名、孔希舜、张君旺、刘登名、李守禄、夏永夏、李坤、王国真、李守旺、刘荣、李征、李片、孔臻、生子京、张君晓、孔思京、赵豹、张凤、李存义、李文学、赵龙、李旺、李宦、李美、王国祥、韩子贵、李实、韩登第、韩敬、李天福、李言、李山、丁一贵、李江、孔思用、李进承、李守、王承恩、冯尚贤、王国孝、张廷、孔希萝、杨岁物、李守福、魏花、李武臣、张尚义、杨见、李杰、李爵、程龙子、李秀、李杲、李光耀

信女李门刘氏　郝门张氏

崇祯三年十一月吉

木匠　王　见

石匠　孙邦贵　孙　佐

住持　张贞仙[①]

由此可见，当时全村已经是以李姓为主的多姓村，其姓氏的构成和满铁调查结果有些出入。根据满铁的调查，当时在全村370户中，李姓占170户，杨姓50户，谢姓40户，此三大姓占全村人口的七成。[②] 这说明杨、谢可能是清代迁入并兴起的姓氏。

关帝庙再一次重修是在清康熙四十六年（1707年），众“善人”等修庙立碑，碑文作者是冷水沟村的居士孙叔辩，他另外还施庙门地基一方和大杨树一株。“领袖善人”乔应魁以下82人名略。清康熙五十二年（1713年）献磬，康熙五十九年（1720年）舍地施财，后一次有“会首”与“社友”的字样，但没有具体的名字。可见，康熙年间已经有“会”与“社”在组织关帝庙的活动。乾隆年间是庙产积累比较频繁的时期，其中乾隆二十年（1755年），村民卖地7分，有“领袖”程思议、刘在鲁、谢存敬题名；嘉庆元年（1796年），谢睿的妻儿

① 中国农村惯行调查刊行会编：《中国农村惯行调查》第4卷，第390页。
② 参见中国农村惯行调查刊行会编：《中国农村惯行调查》第4卷，第9页。

捐地 9 分多入庙，谢本人曾是乾隆三十七年（1772 年）关帝庙山门重修的两位“领袖”之一（另一位是张禄）。[①] 嘉庆二十四年（1819 年）六月的一次重修，撰写者是生员程映，文中特别提到六年前白莲教犯阙被关圣吓退之事，“领袖”姓名有“甲午”，其余的被略。光绪九年（1883 年）六月重修，负责人是杜宗和、程坤占、谢振清、杨兰、刘志祥、王国妥等。光绪十七年（1891 年）二月十八日，关帝庙的前、后宅基地的碑有“首事人”杜宗和等 13 人。碑刻内容具体如下：

庙产关系

关帝庙前后宅基共地三段，南横可十步正，北横可十二步二分八厘加可，中横可十二步零八厘，中长可二十一步四分四厘。

二段，南横可四步九分正，北横可五步四分三厘，中长可十三步二分二厘。

山门前神道池一段，南横可五步四分三厘，北横可七步三分二厘，中长可十一步正。

南段湾一池，南横可五步五分，北横可六步七分三厘五毛，桥口八巾。

西有官井一眼，中横可七步九分七厘，中长可二十步正。

程廷祥舍墙一堵。

大清光绪十七年二月十八日　立石

首事人 杜宗和（以下十二人）[②]

1927 年，关帝庙又经历了重修，校长程德麟撰文称，存款不足，“诸君”捐助。参与者 14 人，其中杨氏 2 人，李姓 3 人，程氏 3 人，伍氏 1 人，杜氏 2 人，张氏 1 人，高氏 1 人，王氏 1 人。捐钱最多者为杨蓉、杨铭曾、李祥龄等。[③]

从上述对关帝庙碑文的梳理可以看出，在历任领袖中，李姓并不特别占优势，多姓共同参与修庙或捐献的现象比较普遍。比如程映、程德麟等有功名或文化身份者皆为程姓，而笔者实地采访亦发现程、谢二姓都住在关帝庙的附近。从明末到清嘉庆年间，“领袖”或“领袖善人”的称号似乎仅用于

① 参见中国农村惯行调查刊行会编：《中国农村惯行调查》第 4 卷，第 390～391 页。
② 中国农村惯行调查刊行会编：《中国农村惯行调查》第 4 卷，第 391～392 页。
③ 参见中国农村惯行调查刊行会编：《中国农村惯行调查》第 4 卷，第 391～392 页。

关帝庙，其余几座庙的碑刻中并没有见“领袖”的字样。而清后期，“领袖”似乎被其他称谓代替，比如光绪十七年(1891 年)碑中就是“首事人”杜宗和等。

(二)三官庙

三官庙的创始年代不详，建于光绪年间的碑刻中记录了洪武时已经有维修，但是明代更早的碑已不存。所知最早的是天启二年(1622 年)九月的重修碑，当时由“会首”筹资；三年后购置香火地，由李臻三等人商议“结社”凑钱购地，碑末是“社友”的题名，由此可知当时为了应对三官庙费用不足的问题，形成一个宗教团体。

天启年间的这两通碑已经提到本庙的道人。此后康熙二十六年(1687 年)六月，由众信和善人捐资建立火池。光绪元年(1875 年)孟冬重修三元宫(已改名)。光绪年间这次重修记录与以往不同的是其议事方式：“村中公议将庙地出租，积蓄有年，共得京钱四百余阡。”主持修庙的是“首事人”李高及其他 34 人。[①] 进入 20 世纪前半期，三官庙没有继续得到修护。

(三)玉皇庙

玉皇庙创建于清中叶。玉皇庙最早的碑是康熙十四年(1675 年)所立，当时本村已经有三官庙、关帝庙，但是玉皇庙本身并没有阁，住持道人发起建庙，“会首善人”等同修，原济南府平原县知县表浩撰文。[②] 从知县撰文来看，玉皇庙创建时是颇具规模的。玉皇庙修好后，成为本村最具有行政功能的庙宇之一，这是因为同治十三年(1874 年)官府晓谕规范里书与光绪十八年(1892 年)的合村公议规范里书之碑皆置于玉皇庙。同治十三年官府晓谕规范里书的具体碑文如下：

> 调署历城县正堂加十级随带加二级纪录十次全为出示晓谕事。案据韩仓庄杨光新等呈称，窃昨蒙地方传谕：凡有拔粮换丁，均不准里书索讨钱文。身等合里感激鸿慈，实无既极，但身等乡民以农为业，过拔换丁，诚恐农忙有误，惟有仰求恩施，饬令里书每年麦秋、大秋、年终三次下乡。所有拔粮，身等情愿每大亩给与京钱二百文，以作里书川费之

① 参见中国农村惯行调查刊行会编:《中国农村惯行调查》第 4 卷，第 392 页。

② 参见中国农村惯行调查刊行会编:《中国农村惯行调查》第 4 卷，第 392～393 页。

用。至去老换幼,兄弟分析均粮,概无钱文,则合里感戴爱及农民之至意,已无涯矣!身等惟恐日久增价勒索,或里书延不下乡,为此公叩赏示,以便立碑,而重永远,等情。据此查买卖宅地,例应随时过割承粮,以清粮赋,而杜争端。该里书专司其事,自应按照科则,分别推收,本不准索要钱文。今既据尔等呈请前情,自是出于至诚,以示体恤之意,事尚可行,除呈批示外,合行出示晓谕为此示,仰合邑城乡军民人等知悉:自示之后,尔等买卖宅房地亩,务合随时推过承粮,一面照例报税,毋得称涉隐混,致于究罚;倘该里书等不按现定章程额外勒索,并有推诿延搁情事,许尔等指名具控,以凭御索究惩,决不宽贷,其各恪遵毋违!特示。①

玉皇庙(照片采自《中国农村惯行调查》第4卷)

这两次行为其实是在规范行政收费的范围。规范的结果是:拨粮、地亩宅基过拨等需要报税,报税时需要向里书补贴路费。其中,光绪年间实施的规定中要求添丁也要交钱;而如果仅仅是兄弟分家析产、去老换幼等不涉及户口增建的问题,则不需补贴路费。收费,或按地,或按丁。冷水沟村作为一个整体已经具有议事和自我规范行政收费的能力。② 此后,光绪二十六年(1900年)及1931年,玉皇庙又经历了两次重修。其中后一次重修碑文中提到"旧有存款",这些存款可能是通过布施积累的资产。"捐资善人"一栏中

① 中国农村惯行调查刊行会编:《中国农村惯行调查》第4卷,第393页。
② 参见中国农村惯行调查刊行会编:《中国农村惯行调查》第4卷,第393页。

有10人，捐款人共有178人，包括庄长杜凤山。[①] 不过，此10人除了庄长杜凤山之外，其余的当时都没有担任公职。

(四)三圣堂、土地庙

三圣堂设立的年代不详，最早能确认的相关记录是嘉庆四年(1799年)四月十三日的《重修三圣堂序》。当时已经有"首事人"这一称呼，这也是冷水沟村最早出现该词的碑。根据1935年10月下浣《买大东湖车道记》的碑文记载：庄东大东湖有本庄稻田数十亩，每至水稻收割时，车道不通。"大众"公议，由"公中"买杨鸿修东西车道地段二分半，用洋50余元。"此款除每亩捐洋一元外，余由公项听补。"发起人包括庄长杜凤山。由此碑文可以看出，"公"的作用增大，这也与前述三官庙碑、玉皇庙碑有一致之处。1935年，这通议事碑树立于三圣堂，那里是庄公所的所在。1939年重修三圣堂的22位发起人，包括庄长杜凤山在内，共有13人担任公职或即将担任公职。[②] 也就是说，身担公职的这些人也是热心于村落宗教活动的倡导者。

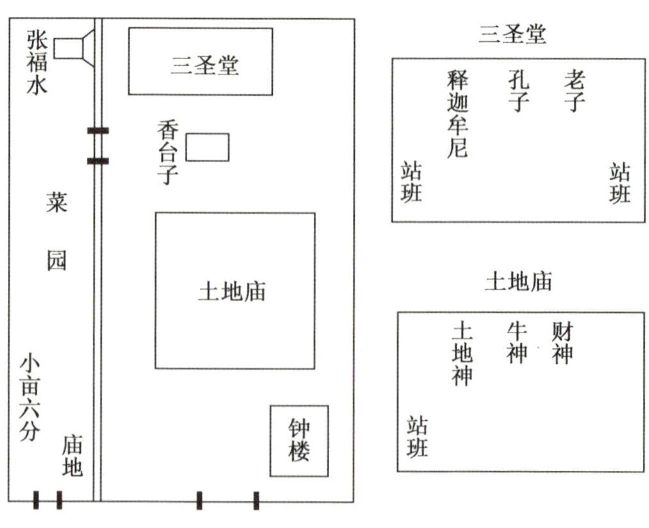

三圣堂与土地庙示意图

① 参见中国农村惯行调查刊行会编：《中国农村惯行调查》第4卷，第393～394页。
② 参见中国农村惯行调查刊行会编：《中国农村惯行调查》第4卷，第394～395页。

乡村的行政系统在三圣堂的修建中扮演了主导的角色。农历六月十九是玉皇庙的祭祀之日，庄长代表全村村民进行祭祀，经费则由全体村民承担。1924 年，一场大火烧毁了三圣堂，庄长提议召开村会，再建三圣堂。参与村会的是闾长和村中长老 30 余人。①

显然庄公所的入驻并没能消弭三圣堂的宗教和社会功能。比如，看守三圣堂的道士张福永依然生活在庙内，日常制作葬仪用的装饰物用来变卖，村民入庙只烧香，不上香火钱，不施舍物品。三圣堂内还有一座土地庙，二月二龙抬头是土地神的生日，在那天要祭祀。到时全村集合，点香，烧纸，上供。供品全是道士做的。另外，村民认为，人过世后遗体入棺前，亡魂由土地爷掌管，所以死者的家属要去土地庙"送浆水"三次，以供奉亡魂。②

(五)观音堂

观音堂的创建年代不详，仅有的一通碑上有 1936 年重修观音堂时题名"合庄捐资"，但题名的只有 9 人，其中包括庄长杜凤山，其余的几位虽然当时没有公职，但大多在几年后担任过甲长职务。来观音堂参拜的大多是患病者。参拜观音堂没有固定日期，如果需要治病，则向神职人员"当会的"请求帮助祈祷，并带回治病的东西。③

(六)其他的祭祀组织与地点

20 世纪前半期冷水沟村有"当会"，即正月至二月间，为生病的大人及小孩做的法事。这种活动在当地被称为"当会的"，共五六人。当会共有的佛坛设置在张廷辉家。佛坛上供奉不夹杂有肉类、大葱、大蒜等的豆类素食，从拂晓至傍晚读经一天，约 12 点升表。斋戒、吃饭，一日三餐由求治者承担。在读经的时候，求治家长跪地听经。虽然谢礼随意，但大体是 3～5 角。在村民各家，也有佛绘、财神、灶神、胡仙等家庭内部的信仰。④

除上述当会外，冷水沟村还有村民之间相互扶助的"钱会"，会员有 70 人

① 参见中国农村惯行调查刊行会编：《中国农村惯行调查》第 4 卷，第 56～57 页。
② 参见中国农村惯行调查刊行会编：《中国农村惯行调查》第 4 卷，第 2、58、103～104 页。
③ 参见中国农村惯行调查刊行会编：《中国农村惯行调查》第 4 卷，第 395、58、42 页。
④ 参见中国农村惯行调查刊行会编：《中国农村惯行调查》第 4 卷，第 57、43 页。

左右，多数为老人。他们在婚丧以及购买农具、牲畜、肥料等紧急支出时会相互借钱共渡难关。[①] "钱会"与"当会"都由村民自发组织而成，与前述几座地域范围内的庙宇不同，他们的财产独立运作，似乎并未受到国家政权建设的影响。

冷水沟村的信仰也会超出本村的范围。村民也去村外的庙宇祭拜。附近的卧牛山有盘古庙、三皇庙、关帝庙、文昌阁、泰山行宫、娘娘庙、眼光庙、水母宫、玉皇庙、鬼王庙、地母宫。由于本村盛产稻米，村民生活比较富裕，本村修庙时没有来自外村的捐款，不过有些建筑材料是外村捐献的。比如，1939 年重修三圣堂时，水坡村捐了 1000 个土坯。而相对贫穷的外村修庙时，本村也曾捐过钱，比如在 1941 年 5 月北部的朱家桥庄修庙时，本村捐了 5 元。[②]

① 参见中国农村惯行调查刊行会编:《中国农村惯行调查》第 4 卷，第 41 页。
② 参见中国农村惯行调查刊行会编:《中国农村惯行调查》第 4 卷，第 58、43 页。

第二章
村落的礼俗

一、婚姻礼俗

冷水沟村的婚俗大致包括婚约、嫁妆、迎娶、婚礼当天仪式、婚礼第二天以后的礼仪等方面。

村内刚刚办完喜事的人家(笔者摄于 2017 年 7 月 17 日)

(一)婚约

在冷水沟,婚约称"订婚"或"定亲"。过去,在孩子十四五岁时父母就托媒给孩子说亲。通常,说亲的标准是"门当户对"。越是富裕有钱的人家,孩子定亲的时间越早。村中也有因为贫困未能结婚的人。媒人大多是村内的妇女或男女双方的亲属,他们通常考虑双方家庭的社会地位、经济状况,对家庭情况较为接近的男女进行撮合。

男女双方家庭若是觉得"门当户对",男方就把孩子的生辰属相通过媒人告诉女方,请风水先生占卜,如生辰八字不相克,男女双方同意,就可"换帖"定亲。换帖又分"小贴"和"大贴"(或"大柬")。小帖和大帖是男女双方订婚后通过媒人交换的婚书,小帖交换后再交换大帖,大帖较正式。关于婚约中小帖和大帖的交换过程,满铁调查资料中有如下记载:

调查员:订婚小帖是谁拿过去的?

李永祥:媒人。

调查员:对方的小帖是谁拿过来的?

李永祥:也是媒人。

调查员:交换小帖的时候,请媒人吃饭吗?

李永祥:请。

调查员:还请外人吗?

李永祥:不请。

调查员:小帖交换后,大约多长时间交换大帖?

李永祥:小帖是在6月交换的,大帖是8月。

调查员:大帖是谁拿去的?

李永祥:大帖放在箱子中,在村中雇两个劳动力抬着,和媒人一起去。

调查员:需要两个人抬那样大的箱子吗?

李永祥:要带去60斤的点心(20元左右)。

调查员:那些点心是在女方家里招待客人吃的吗?

李永祥:分发给对方的亲属或朋友。

调查员:从女方带回大帖吗?

李永祥：是的，回来的时候，要把女方的大帖带回男方家。

调查员：女方除了大帖什么都不给男方家带回来吗？

李永祥：女方收了点心后，从收到的点心中拿出2斤给男方。[①]

传过大帖之后，媒人携带彩礼、合礼送往女方家庭，男女双方的婚姻此时就得到了社会的承认。在婚礼前，找算命先生根据男女的生辰八字推算出一个吉日良辰，写“娶帖”通知女方，定下结婚日期。

（二）嫁妆

婚礼的前一天，男方要到女方家拉嫁妆，当地称为“拉缘房”。嫁妆包括立柜、桌子、5～6套新衣服、两套被褥、两面镜子、茶具、戒指、手环、耳环、项链、餐具等。根据个人家庭条件，嫁妆的好坏、多寡会有所不同。过去，在拉缘房的时候，男方的邻居或堂兄弟、表兄弟通常会赶着马车帮忙拉嫁妆。嫁妆多的时候，娘家还会列一个清单，将其随嫁妆一起送到男方家；男方按照清单收取嫁妆，进行确认。

在立柜的抽屉里，会放入一些栗子和大枣。大枣和栗子寓意“早生贵子”。最终，这些大枣和栗子要放到婚房被子的四角。朋友或近邻在嫁妆搬进来前，要向男方家随礼。这一天，男方家还要贴喜联，挂喜幛，宴请送喜仪、喜幛的亲朋好友。晚上宴请家族、邻里，并雇乐队吹唱助兴。

（三）迎娶

婚礼的当天，在日出前“帮忙的”要用红布装饰花轿，由四人抬轿，带上吹奏乐队去迎娶新娘。在迎娶的过程中，花轿不能空，需要有一名男孩押轿，这个男孩称为“押轿童子”。在迎亲队伍到女方家前，新娘通常在娘家两位妇女帮助下穿衣、做头饰、戴凤冠、蒙头红，而且家门一定要紧闭。花轿到后，轿夫敲门，方可进入家中。

新娘穿戴好后，女方家进行扫轿。扫轿是女方的两位妇女把“背蜡烛褡子（放蜡烛的袋子）”的人留下的两个蜡烛点上，一人拿一支，每人再拿一把新笤帚，到轿里一边照一边扫，意为“清除轿内的阴晦之气，新婚夫妇吉祥平

① 中国农村惯行调查刊行会编：《中国农村惯行调查》第4卷，第123页。

安”。扫轿后，打发新娘上轿，由女方家两名男子各自在轿旁押轿，在新娘座位的下边放上用红布包好的“下轿包子”。迎娶新娘的队列的最前面是旗子（2 面或 4 面），其次是灯笼（4 个或 8 个）、铜锣一对、伞一把、扇子一把，接着是吹打乐队。花轿出门时，在娘家的门前要烧一把稻草，花轿从火上过去，再用水熄灭，意为“嫁出去的姑娘，泼出去的水”。在去男方家的路上，迎亲队伍路过桥梁庙宇时，“背蜡烛褡子”的人要用红毡遮挡，以此来避邪求吉。

（四）婚礼当天仪式

迎娶新娘的队列到男方家后，鸣放爆竹。两位女方的年轻妇女扶新娘到院中拜堂，在进入中堂前要迈“火盆”，象征着“日子红红火火”。大门的中央会放置一具马鞍，让新娘从上面迈过去，意为“前进平安”。大门上面也不能空，在门顶放两块红砖，下压两双新筷子，意为“饮食不缺或避除凶煞”。

新娘进入庭院后，要踩在放在红布上面的一块糕上，寓意“步步高”。仪式过后，新郎、新娘就要拜天地了。在庭院的中间置放桌案，桌案上供奉天地神，新郎、新娘按照女东男西的位置站在案桌前，而后跪拜天地、父母，相互对拜。这一环节结束后，婚礼中“帮忙的”会把糖果撒向院中，让参加婚礼的宾客们抢。这时，新郎用红绸或红帖牵引新娘走向洞房。

村内承办婚礼仪式的广告（笔者摄于 2017 年 7 月 17 日）

新娘到洞房的门口，新郎用筷子挑下新娘的红盖头。两位女方的妇女搀扶新娘上炕，新娘面向喜神所在方位坐下，两位女方妇女端上“下轿包子”让新娘吃。“下轿包子”是半生的，吃的时候有人会故意问：“生不生？”新娘一定要回答“生”，即“生养孩子”之意。吃完“下轿包子”后，给新娘更衣，新郎告退。这时，开始安排招待宾客的酒宴。女方家的来客是最尊贵的客人，在正屋坐上席，男方家安排陪席；其余的按照亲戚和乡邻进行安排就座。新郎要给客人敬酒。

到了晚上，就开始闹洞房了。闹洞房要持续3天，但第一天最热闹，亲戚、朋友、邻居都会到洞房来看新娘，向新娘索要糖果、点心，也有向新娘出谜语、绕口令等难为新娘的行为。

（五）婚礼第二天以后的仪式

婚礼的第二天为“回门”。女方家在早上6点派新娘的表弟来接新郎、新娘回娘家。女方家来人前，大门是紧闭的，必须让娘家人把门敲开，意为“拨不开缝，过得富”，即娘家的人来，新娘家的生活才会越过越富裕。这时，娘家来的人一起把“抬头面”带过来。吃完后，娘家人带新娘、新郎及新郎亲属参加娘家的酒席。晚上，新郎、新娘住在娘家，次日吃过早饭后，娘家的人把新郎、新娘送回家。新郎、新娘要拜会家长和所有亲戚朋友。第六天，回门，村里称“遛腿”。早饭后，女方把新娘接回娘家，新郎中午去女方家。当天，新郎、新娘一块回家。第九天，女方把新娘接回家。第十二天，娘家父亲送女儿，男女双方才正式成为亲家。第十八天，再接新娘回娘家。对月，即从结婚仪式开始第三十天，娘家妈再送女儿回男方家。婚姻仪式到此才算结束，此后双方作为亲属开始往来。

（六）现在的婚礼习俗变化

1950年，中华人民共和国中央人民政府公布了《中华人民共和国婚姻法》，这是我国颁布的第一部婚姻法，于当年5月1日开始实施。这部婚姻法规定了男女双方结婚的年龄及实行婚姻自主的原则。传统的婚俗随后发生了很大变化。

现今，村里还存在媒人，但由父母包办婚姻等习俗已经没有了。取而代

之的是通过自由恋爱或同学、朋友等介绍成为恋人，最终结婚组成家庭。换大帖等习俗在80年代前后还存在，但不同的是男女双方也同时出席。婚礼前的“拉缘房”及洞房被褥四角放红枣和栗子的习俗，现今也没有变化。

在仪式方面，花轿在“文化大革命”以后被马车或拖拉机所代替，现今是小轿车，花轿已经基本没有人使用了。穿着传统的服饰、盖红头布的习俗一度为西式婚纱所取代，不过现今又有复兴之势。拜天地的习俗在“文化大革命”中一度中断，80年代后恢复。另外，过去婚礼的仪式需要3天，现今仪式顺序基本上没有太大变化，时间改为1天了。上午宴请女方押轿的（现今称“押车的”）；中午上拜，接待亲戚家族中参加拜仪的人；下午会亲家，即接待新娘的父母、哥嫂、姑姨等。第二天回门，新郎由“帮客”陪同去女方家认亲。第六天“遛腿”。

近年来，随着生活水平的提高，婚礼在形式和内容上也发生了较大的变化。彩礼一般为11000元，寓意为“万里挑一”，也有多至两三万，甚至更多的。过去的“三大件”（即手表、自行车、缝纫机）被电视机、电冰箱、洗衣机等取代，现今则是楼房、汽车等。结婚定为一天，婚礼大多数都在酒店里举行，宴请所有的宾客。

二、生育礼俗

根据冷水沟村的地域特征，该村的生育习俗可以归纳为如下两个方面：一是关于祈子和护佑孩子健康成长的习俗；二是生育习俗。

（一）祈子与“认干妈”习俗

在乡村的传统观念里，总是认为“早养儿早得济”。婚后即生育子女是一般家庭的普遍愿望。但有些新婚夫妇，婚后几年也没有生育。这样的家庭就会采用一些传统的习俗以求得子嗣，延续香火。在冷水沟村，求子的家庭都是去距村西约5公里的卧牛山的娘娘庙祈愿。卧牛山的娘娘庙里供奉有泰山奶奶、求子娘娘等神灵。在华北地区，泰山奶奶是人们普遍信奉的神灵。卧牛山的祈子又称“拴娃娃”。冷水沟的村民在农历三月初三到卧牛山的娘娘庙祈子。娘娘庙的神像周围摆放有很多供求子用的泥娃娃，求子妇女在庙门口参拜、施香火钱，买红绳后进入庙中，将手中的红绳拴到一个泥娃娃上，然后把娃娃抱入怀中，转身回家。在回家的路上，不与任何人讲话，也不能让任何人看到娃娃，而且不能回头。回到家后，把娃娃藏到卧室的某一个地方。拴了娃娃后，若恰巧生育得子，还要去卧牛山的娘娘庙烧香还愿。

“文化大革命”时期，卧牛山的庙宇都被毁坏，此后的祈子习俗也中断了。

过去，在冷水沟村还有“认干妈”的习俗。村内通常有体弱多病的小孩或数胎夭折后新出生的小孩，父母为了孩子能健康成长，就让孩子给人丁兴旺的人家做“干儿子”或“干姑娘”。

(二)生育习俗

生育习俗主要是指冷水沟村在孩子出生后祝贺出生和满月的习俗。出生祝贺的习俗是指村内谁家添了喜时，邻近家庭以及产妇的娘家要带礼品去探望祝贺。礼品一般是有助于产后恢复身体的鸡蛋、小米、面粉等，让产妇补补身子，俗称“送米”或“送粥米”。在冷水沟村，送粥米一般是在孩子出生的第六天和第十二天的时候，娘家的女性亲属(姑、姨、舅妈等)及近邻的女性到产妇家看望道贺。

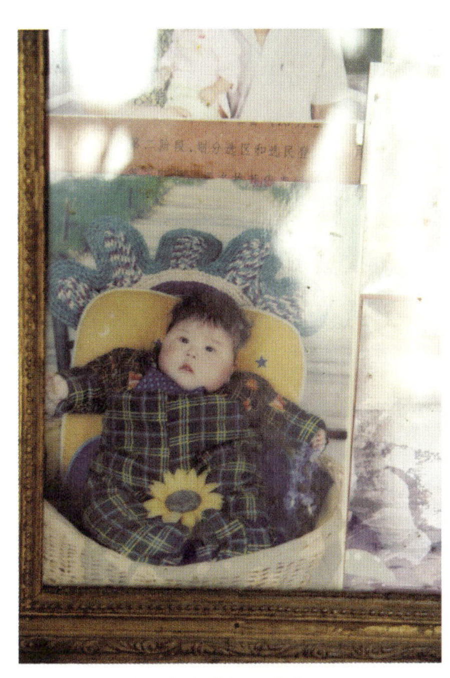

村民家中装饰的满岁照
(笔者摄于 2017 年 7 月 17 日)

在探望产妇的习俗中，最重要的是产妇娘家的“送粥米”。产妇的母亲作为娘家代表来探望女儿，带的贺礼主要根据其家庭经济状况来定。有拿 30 公斤粥米的，也有拿 50 公斤的。送米与孩子的性别没有关系，第一个孩子出生后的道贺最为隆重。在第二个孩子出生时，

一般来贺喜的仅是娘家的母亲，近邻不再来探望祝贺。

婴儿出生后的一个重要仪礼是过满月。亲友们这天会携带鸡蛋、点心、童装和玩具前来祝贺，婴儿的姥姥的贺仪尤重。满月这一天要给婴儿理发，称为“剃刀”。剃下的毛发直接扔掉。也有在婴儿出生百天的时候理发的。婴儿百天的时候也称“做百岁”，有“祈愿健康长寿”之意。至 20 世纪 80 年代左右，送米与理发的习俗还普遍存在，现今送米的习俗已不流行。

三、丧葬礼俗

(一)传统的葬礼

在冷水沟村，老人临终前，头要正冲着房间的正门。如果被置于正屋，头要向南；在西屋时，头要向东。一般来说，老人即将咽气的时候，要先为其沐浴更衣，然后将其移至正屋的灵床上。如果听闻有老人过世，街坊邻居都会聚集到过世的老人家，帮助丧主打理后事。在这些帮忙治丧的人中，设内柜 3～4 人，负责写讣告、挽联、典仪、记账等，安排一切大小事务。帮忙打理家外事务的外柜一般安排 2 人，此外还有 4～6 人帮忙的。丧葬事务繁杂，主要由内柜进行统筹打理，外柜主要辅助内柜处理各种事宜。无论是内柜还是外柜，都没有女性来参与。葬礼中起着最重要的作用的是死者的儿子，如果亡者是其父亲，则称其为“孤子”；如果亡者是其母亲，则称其为“哀子”；如果亡者是其双亲，则称其为“孤哀子”。孤子、哀子、孤哀子又总称为“孝子”。

老人过世后，其配偶、子女要脱掉逝者的衣物，为其净身、剃须。净身后给逝者穿上用白布做的“寿衣”，也称“亡人衣”。寿衣穿戴好后，将逝者的头部对着门口，意为“让逝者的魂魄从门出去，升入西方”。

逝者的遗体安放妥当后，其子要向亲族报丧，通知葬礼的日程。如果逝者是年轻人，用口头来报丧；如果逝者是老人，要将葬礼的日程写在讣告上，将讣告送到逝者的宗族、亲属及朋友家中。宗族内，只通知五服内的人。

老人过世这一天的早晚，家人要为逝者“指路”，即逝者的儿孙们一起带上扎好的纸马和轿子去村西外烧掉。在村民看来，通向阴间的道路在西方。

为刚过世的逝者送供品(笔者摄于 2017 年 7 月 17 日)

“指路”后是“送浆水”的仪式。浆水通常是由小米、面粉和水混合而成的。送浆水是指人死后,死者的子侄等人持浆水壶、香、纸钱等物品一天分早、中、晚三次到土地庙前烧香、焚纸钱、浇奠浆水。送浆水的队列向左转三次,向右转三次,意为“人死后,到阎王爷那儿报到之前要在土地庙羁押魂魄三天,不能让死者饿着上路”。送浆水结束后,要把死者装殓入棺,搭灵棚、设灵堂,一般在第三天发丧。

入殓后是吊孝。事先通知的宗族、亲属、朋友和乡邻要来灵棚与逝者悼念和告别。此时,客人先在外柜处交奠仪火纸、祭幛、点心、花圈等,然后到灵前吊孝。吊孝时,首先是直系亲属的晚辈们叩头大哭,在宗族中比死者辈分高的男性不出席吊唁。过去,有钱的大户人家吊孝的时间要更长,期间要招待更多的宾客,花费也多。

来吊唁的宾客通常会携带现金或被称为“祭幛”的蓝色或黑色的布,用这个布来做服丧期间的衣服。外柜会把每一个人赠送的奠仪记录在“葬礼簿”上。葬礼簿上不记载女性名字,即使是女性来吊唁,也只能写其户主的名字。

吊孝结束后是出殡,冷水沟称之为“发丧”。发丧时安排出殡程序、排列送葬的队伍。发丧一般在上午举行。送葬队列的前面是雇用的吹鼓手,其

奔丧的村民(笔者摄于 2017 年 7 月 17 日)

后是死者的子女及在宗族中比死者辈分小的人,随后是死者的棺木,依次向墓地行进。期间,逝者的儿孙等晚辈都要穿白色孝衣,头戴白帽,腰扎麻绳。长子手持灵牌,次子和三子在长子两侧搀扶其向前行进,边行进边大哭。孙子打"花幡",到墓地后把花幡插立在地面。墓穴在送殡队伍来之前,按照宗族规定的地点,帮忙的已挖好。死者下葬后,在坟前烧牌位。下葬结束后,丧主要招待参加出殡下葬的宾客。

下葬后的第三天,死者的家属要去墓地为新坟填土祈福,称为"圆坟"。圆坟时要带上纸钱和供品。随后是"烧七",指从死者临终之日起,每隔七天到坟前祭奠一次,直至"七七"(49 天)结束。通常在清明、七月十五、十月初一及死者的忌日也要祭奠。

(二)现代的丧葬习俗

1949 年中华人民共和国建立以后,提倡丧事从简。1966 年,传统的土葬被禁止,丧葬的习俗也发生了重大的改变。不过,从初丧到报丧,没有发生太大的变化。至 80 年代左右,民间仍有"指路"的习俗,但与过去相比,仪式已经大大简化。送浆水的习俗过去是在村口的土地庙举行,但由于"文化大革命"时期土地庙都被拆毁,此后这一习俗都改为在逝者家门外或村里的十字路口进行,仪式也变得更象征化了。

有逝者的家庭在门上贴白纸条(笔者摄于 2017 年 7 月 17 日)

现今,来悼念或发丧的亲属、朋友、近邻等都是以现金为奠仪。在“文化大革命”时期,曾经流行赠送花圈。在冷水沟村,也出现过一人赠送一个花圈,或数人共同赠送一个花圈的现象。过去决定发丧的日期需要由风水先生看日子,现今这样的习俗也很少见了。老人过世后,三天入土埋葬;如果是年轻人过世,当日或次日就入土埋葬。这是因为老人生前交往的人比较多,来告别悼念的人也多。而年轻人早逝,来告别悼念的人相对要少;另外,长时间停放会更增加父母的伤痛,所以尽早入土为安。此外,土葬被禁止后,入殓装棺的习俗也消失了。

20 世纪 80 年代,通常是在上午举行火葬仪式。一般由村里出拖拉机载亡者尸体去历城县的火葬场。火葬场在王舍人镇南一个称为“义和南”的村庄。去火葬场的家属主要是死者的儿子、外甥和其他帮忙的人,只有男性同行。在火葬时,大家暂时回村,参加中午在村里举行的告别仪式。仪式结束

后，再去火葬场，长子把骨灰盒带回来。回村后，把骨灰盒埋葬在村内指定的公共墓地，三日后圆坟，二十一日、三十五日、百日进行祭奠。此后，在清明节、中元节、死者的周年等进行扫墓祭拜。另外，孝子不再披麻戴孝，改戴黑袖章。招待客人也变得简单，一碗菜加馒头即可。

四、村落节日

如前所述，冷水沟村过去有5座庙宇，这些庙宇所展现的是儒、释、道及本土神灵信仰的混合体。在村民的日常生活及节日的仪式中，都不同程度地渗透和表现着这些信仰的存在，儒、释、道的伦理经常被村民有意识或无意识地承载和继承。以农业生产为主的村落社会，按照自古传承下来的时令来安排生产生活。为了祈求生产的风调雨顺，村民通常会以节日的形式，通过饮食和祭祀仪式来表达对神灵和大自然的敬畏，为未来的美好日子祈祷。在满铁调查资料的记录中对冷水沟村内的年中节日有如下记述：

> 在元旦（正月的岁首）时祭祀祖先、门神、财神、宅神、灶神，男女拜年，吃饺子、包子等。正月初五是五马日，吃包子。正月初一到初五休息，初六开始劳作。正月十四、十五、十六是灯节，要装饰龙灯、四蟹灯、六巧灯、骨牌灯，还表演杂耍、踩高跷。这些活动由村民随意出钱集资。正月十五又称“元宵节”，这一天村民不劳作。二月初二是祭祀土地神的日子，又称“龙抬头”，从这一天起，会出现雷雨天。清明节去祭拜扫墓。三月初三没有孩子的妇女去卧牛山娃娃店祭拜求子。五月初五是端午节，吃粽子。五月十三是关帝的诞辰日，村民去祭拜。六月十九，是玉皇大帝的诞辰日，村民去参拜。七月十五是鬼神节，扫墓祭拜祖先。八月十五是中秋节，吃饺子，晚上赏月，男女磕头祭拜。十月一扫墓祭拜。十二月二十三，祭灶神。[①]

（一）春节

现今，与全国大多地方相同，春节是冷水沟村最重要的节日。冷水沟村

① 中国农村惯行调查刊行会编：《中国农村惯行调查》第4卷，第3页。

的春节准备一般在节前20天左右开始，主要是去王舍人集市买齐过年用的蔬菜、肉和酒等用品，为家人和孩子添置新衣服，另外还会购入烟花爆竹、上坟祭祖使用的纸钱、灶王像和春联等物品。

在春节前，还有两个重要的节日，即腊八和小年。腊八是在农历腊月初八，这一天每家都要用米、谷、枣、豆等煮腊八粥。这一天还要打扫房间，主要是收拾打扫厨房，将旧的灶王爷的纸像揭下来，放在供板上。

腊月二十三，俗称"小年"。这一天主要是祭灶，又称"辞灶"。村民将在集市新"请回"（买回）的灶王爷像贴在厨房的灶台旁边并贴上对联，上联是"上天言好事"，下联是"回宫降吉祥"，横批是"一家之主"。晚上祭灶，供上年糕、糖瓜，燃放鞭炮，把腊八时揭下的旧灶王像烧化以示送上天界。这里之所以供年糕，意在用年糕粘住灶王的嘴，不让灶王向玉皇大帝说坏话，好把幸福带回家。这样的迎神、送神仪式，在"文化大革命"期间曾一度中断，20世纪80年代中期又得以恢复。此外，从腊月二十三这一天至除夕为止，各家各户都要进行大扫除，意在祓除房间内不洁和污秽的东西，在新的一年里万事如意。

到了除夕这一天上午，村内的各家各户在大门和房门上贴对联，对联有的是购于王舍人镇的市集，有的是个人自己或请村内有文化的人书写的。对联上的文字主要是祝福长寿、有福、发财等，也有个别歌颂国家和社会的。下午4～6点钟，各户带上纸钱、酒、鸡、鱼、肉、丸子及点心等供品去先祖的坟上祭奠，意味着接祖先回家过年，村里称为"接老的"。具体仪式如下：首先，在坟头压上三张纸钱；其次，把鸡、肉、肘子、丸子装在盘子里，摆上筷子，把酒杯倒满酒；再次，在坟前烧纸，用筷子把一些供品夹出来扔到地上，也把酒倒在地上；最后，磕头。这些仪式步骤结束后，嘴里念叨着"爷爷、奶奶回家过年吧"。在去迎祖先回家过年的同时，家里人在正厅的八仙桌上摆放好牌位，悬挂家堂轴子，做好迎接祖先的准备。不过，村内现今摆放牌位的习俗已经消失了。另外，正位不能有人坐，要留给祖先，现今这样的传统也不存在了。

在过去，祖先魂灵接回家后，接着进行"照庭"的仪式。主要是将一束稻草或谷子秸秆下端切平，立在家中的院子里，然后点燃。在燃烧的过程中，看这束稻草或谷子秸秆倒向哪个方向，倒的那个方向来年将要丰收。这个仪式结

束后，马上关上大门，寓意着“不让恶灵病害进入家中”。现今，因为村内的生活方式和生产结构已经发生了翻天覆地的变化，这样的仪式也已消亡了。

除夕夜12点时，祭神拜天地。各家在院内香台上摆上鸡鱼大供，点香，烧纸，燃放鞭炮，祭祀祖先和灶王爷、财神爷、“福神”（当地称“黑嘴巴子”，即黄鼠狼，当地信仰的动物神灵之一）。这一系列的仪式活动称为“发马子”，也叫“发钱粮”，寓意是“骑马上天为民祈福”。其次是吃素饺子，意为“一年素素静静，平平安安”。

初一，拜年。至20世纪50年代为止，村内只有李氏宗族有祠堂。其宗族成员初一到祠堂集合，在祠堂里挂上家堂轴子，按照辈分的长幼依次磕头、敬拜祖先。随后，宗族中的晚辈向长辈依次磕头、拜年。除李姓以外，其他宗族都没有祠堂，通常由每个家族的长子管理家堂轴子或族谱，同宗系中的各家到掌管家堂轴子的长子家里祭拜祖先，给长辈拜年。“文化大革命”时期，村内各个宗族的族谱、家堂轴子大多已被烧掉。“文化大革命”以后，像过去那样的仪式过程已经不存在，现在拜年的习俗更趋于简化。

初二，是年轻妇女回娘家拜年的日子。特别是新婚不久的夫妇，初二一定要回娘家，娘家要热情款待。

初三、初四，年长妇女回娘家拜年。20世纪80年代前后，初三这一天还要把年三十那一天接回来的祖先送回去。现今，送祖先改为初一送。

初五，为“五麻日”，当地又称“破五”。这一天不走亲属，要吃水饺、发钱粮。

正月十五是元宵节，也称“灯节”。通常在正月十三、十四、十五、十六、十七这5天时间里，家家门口都挂红灯笼，分别为花果灯、麦子灯、植田灯、晚田灯、五谷杂粮灯。村里的高跷、秧歌、旱船灯等在村内和村外表演拜年。村民们在狮子口观音菩萨佛龛前扎灯棚，挂宫灯，每晚都有善男信女进香叩拜。村内这样的活动在“文化大革命”期间中断，80年代初期恢复了灯会和扭秧歌等传统习俗。现今，因为村庄面临着拆迁改造等问题，这样的年节娱乐活动也都不存在了。

(二)二月二

二月二，又称“龙抬头”，预示着农民又要开始一年的农忙。这一天，各家各户炒大豆，把炒好的豆子分给孩子们吃。另外，用草木灰打成囤，象征“来年大丰收，粮满仓”。

(三)三月三

农历三月初三这一天，距离冷水沟村约5公里之处的卧牛山娘娘庙有庙会。据说在此处求子异常灵验，故每逢庙会都会有从周边村庄赶过来的年轻妇女前来烧香、祭拜。此外，卧牛山庙会也是附近比较大的物资交流会，村民会在这里购买一些农具、生活用品。“文化大革命”期间，卧牛山上的庙宇被毁，庙会也由此消失了。

(四)清明节

冷水沟的清明节与全国大多地方都相似，家族成员扫墓，祭奠已故亲人。扫墓祭奠时，家庭成员是否一起去，对此没有特别的规定，也没有男女的限制。通常在清明节前几天，村民带上香、纸钱、酒、水饺、面条、点心等供品和铁锹等农具去扫墓。在扫墓时要清除坟周围的杂草，而后添坟。添坟结束后，在坟头上用石头压上三张黄表纸。清明前一天是寒食节，这一天的习俗是不能生火做饭，所以要在前一天把寒食节那天的食物准备好。

(五)端午节

门前装饰的艾蒿(笔者摄于2017年7月17日)

冷水沟村的端午节也同大多地区相似，有吃粽子和插艾蒿的习俗。端午节时值仲夏，插艾蒿有驱邪、除毒、避瘟等寓意。

（六）六月六

六月六，又称“天贶节”“虫王节”等。村民在庭院里焚香祭祀，祈求“上天保护，五谷丰登”。这一天还是已婚妇女回娘家的日子。20世纪前半期，村里以玉皇庙为中心，会请剧团来演戏。中华人民共和国建立以后，终止了这样的活动。

（七）中元节

农历七月十五为中元节。冷水沟村村民在这一天，同清明节一样，要进行扫墓、添坟。

（八）中秋节

农历的八月十五为中秋节。中秋节是一年中比较重要的节日，这一天全家人聚集在一起，中午吃水饺，晚上喝酒赏月。亲属、朋友之间相互赠送月饼等礼物，也有相互邀请到自家一起赏月、喝酒的习惯。在冷水沟的村民之间，还经常能听到“八月十五云遮月，正月十五雪打灯”的谚语。如果八月十五看不到月亮，来年的正月十五一定下雪，村民非常相信这种前人留下的经验。

另外，八月十五这一天，过去也是长工决定是否在雇主家继续劳作的日子。在中华人民共和国建立前，华北地区的农业生产经营大多是农民自身耕作，土地多的人家通常会在农忙季节雇佣一些短期劳动者，一般不把土地租种出去。不过，也有一些地主和富农，以1年为期限，把土地租给长工耕种，无论是地主还是长工通常都在八月十五的晚上决定明年的雇佣关系是否继续。

（九）寒衣节

农历十月初一为寒衣节，这一天要祭奠祖先、扫墓。除不添坟外，祭祀的形式与清明节相同。

第三章
村落的宗族与家庭

冷水沟村全体村民都为汉族，没有少数民族。现今全村有 1090 户，3826 人。[1]村中有 20 个姓氏，分别为李、杨、王、谢、张、程、刘、任、杜、陈、夏、高、吴、侯、宋、范、齐、田、奚、滕。其中人口较多的是李、杨、谢、张、任、刘等姓氏。李姓最多，全村有 12 个家族，370 户，1341 人。具体构成情况如下表所示：

冷水沟村的姓氏构成表[2]

	姓氏	家族数	户数	人数
1	李	12	370	1341
2	杨	5	184	576
3	谢	1	86	420
4	张	8	65	255
5	任	1	64	228
6	刘	6	52	188
7	程	1	34	156

① 参见冷水沟村志编纂委员会编：《冷水沟村志》，第 22 页。
② 该表根据冷水沟村志编纂委员会编《冷水沟村志》第 22～27 页所载内容整理统计而成。

续表

	姓氏	家族数	户数	人数
8	王	5	31	98
9	杜	1	30	117
10	高	2	25	91
11	陈	2	7	25
12	吴	2	5	18
13	夏	1	4	17
14	宋	2	3	11
15	齐	1	2	13
16	田	1	2	13
17	侯	1	2	6
18	范	1	2	5
19	奚	1	1	5
20	滕	1	1	4

上表是冷水沟村现今的姓氏家族构成情况。在 20 世纪前半期满铁人员对冷水沟村进行调查时,在当时保甲簿上记有全村共计 376 户,其中李姓占 180 户,村内的主要姓氏是李、杨、任、谢、张、程、刘、王、高等。① 与 20 世纪前半期相比,现今村内的姓氏构成并未发生明显的变化。不过这里需要说明的是,冷水沟村的李姓是由 3 个宗族组成的。虽然同一姓氏,但不同宗族间的李姓,并没有血缘关系,即同姓不同宗。在 180 户的李姓中,有 5 个不同的祖先。②

① 参见中国农村惯行调查刊行会编:《中国农村惯行调查》第 4 卷,第 55 页。
② 参见中国农村惯行调查刊行会编:《中国农村惯行调查》第 4 卷,第 74 页。

一、宗　族

（一）宗族谱系

现今，冷水沟村有20个姓氏，其中李、杨、谢、任、刘、张、杜、王等姓氏，是在中华人民共和国建立前就居住在村内的原住民，是冷水沟村人口的主要组成部分，宗族或家族的特征更为明显。一般来说，同一宗族的成员按照辈分来命名，即同一辈分的人，名字中通常有一个相同字，称为“辈名”。辈名在族谱中有明确的记载，同族中男性孩子出生时一般都会按照辈名来命名。宗族成员都会记住自己的辈名，以此来分辨在宗族中辈分的高低。在道光二十二年（1842年）重修的《李氏族谱》中有如下记载：

> 余李氏兄弟排行中，起名杂乱，甚不宜今，于毓字排行下，议定十六字，为十六世载于宗谱，后世命名者须尽遵焉。十六字开列后：凤长兴廷，绍学士成，思善克大，新春乃明。

如上，在宗族中，辈分与命名参照族谱而定。在村中即使是同姓，从名字上也可以辨别出是否是同一宗族。如冷水沟村李氏族谱所载，李氏始祖为李进，从始祖到三世后，随着家族人口的增加，分为三支，即长支三世、二支三世、三支三世。长支三世有两子，名为“文举”“文奎”；二支三世有四子，名为“文长”“文和”“文炳”“文锦”；三支三世有三子，名为“文儒”“文学”“文章”。也就是说，李氏的四世都是以“文”字来命名的。

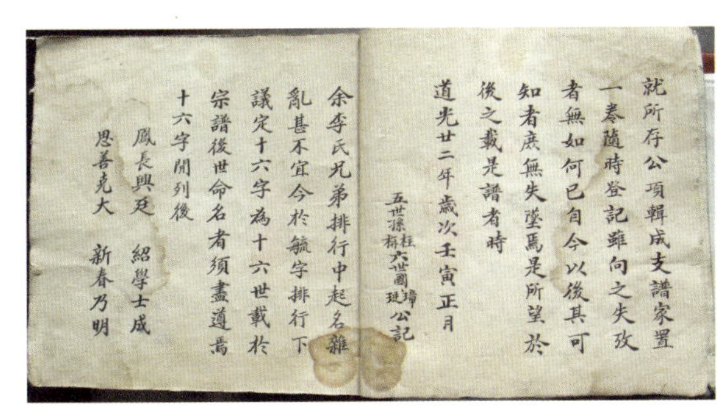

就所存公項輯成支譜家置
一套隨時登記雖向之失攷
者無如何已自今以後其可
知者庶無失墜焉是所望於
後之載是譜者時
道光廿二年歲次壬寅正月
五世孫柱 六世孫圖璋珽 公記

余李氏兄弟排行中起名雜
亂甚不宜今於毓字排行下
議定十六字為十六世載於
宗譜後世命名者須盡遵焉
十六字開列後
鳳長興廷　紹學士成
思善克大　新春乃明

《李氏族谱》书影（笔者摄于2012年5月13日）

在冷水沟村内，是否为同一宗族，很重要的判断条件就是在族谱上是否被记载，是否共同祭祀祖先。20世纪前半期，村内有李、杨、杜、谢、任、程、

王、张、刘等9个宗族，其中李、杨、谢、程有自己的族谱。在修谱和续谱时，宗族成员之间会形成宗族间的认同感。每个宗族设有族长，族长为宗族中辈分较高的人。李姓族长为李毓杭，谢姓族长为谢怀坤，杨姓族长为杨枫，程姓族长为程志信，杜姓族长为杜登员，任姓族长为任长茂，王姓族长为王为善，张姓族长为张冬祥，刘姓族长为刘茂柏。① 同族成员出现不和与纷争时，通常由族长出面调解。如果族长调解未果，则由保长或庄长出面解决。

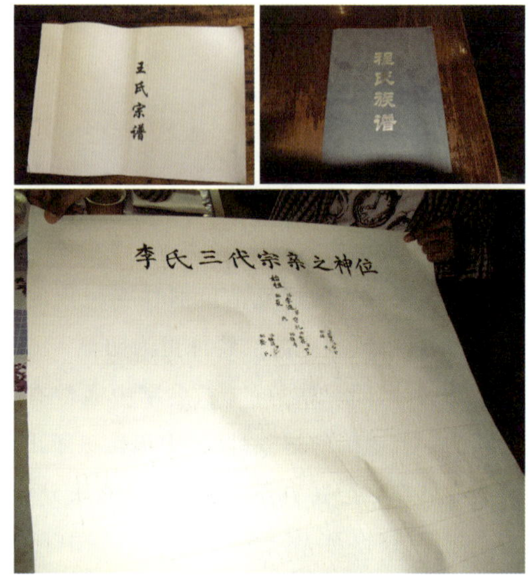

修谱(笔者摄于2012年5月13日)

族谱通常由长孙家保管，置于家里的正房较为清净的地方妥善保管，一般不能放在睡房。续谱或重修的时间也没有具体的规定，通常每隔10年或20年，宗族的老人们就会商讨修缮事宜。

(二)宗族与村外成员的关系

上述宗族活动似乎限定在冷水沟村内，同一宗族的人迁居到外村后，基本上就与原村的宗族脱离了关系，不再有共同的族谱和按照辈分统一命名，不再有共同的墓地。例如，满铁调查中提及冷水沟村李姓与龙洞李姓的关系。1912年以前，冷水沟村的一部分李姓移居龙洞，在冷水沟村留有移居龙洞的李姓家族先祖的坟墓。龙洞位于冷水沟村的南部的山区，两村相距15公里左右。龙洞的李姓家族从冷水沟村迁出后，就与冷水沟村的宗族中断了往来。②

① 参见中国农村惯行调查刊行会编:《中国农村惯行调查》第4卷，第72页。
② 参见中国农村惯行调查刊行会编:《中国农村惯行调查》第4卷，第55页。

（三）过继

过继是指没有儿子的族人收养同宗之子为后嗣，也指入养父之家为其传宗接代，以延续香火，是传统宗族观念中的一种收养行为。过继仅限于男性。以过继的形式收养的孩子称为“过继子”。领养自己哥哥或弟弟的孩子的现象比较多，如果自己的哥哥或弟弟也没有儿子，会在宗族谱系中扩大范围寻找合适的人选。中华人民共和国建立以前，在冷水沟村没有后嗣的家庭，如果经济状况相对富裕的话，就有纳妾的习俗。在村里妾室被称为“姨太太”“小婆子”或“二房”。中华人民共和国建立后，纳妾的习俗在法律上被禁止。

如果在家庭中只有女儿，因为女儿最终要出嫁，所以还要通过收养来维系家族血脉的延续。过继以外，另一种形式就是招入赘女婿，但在冷水沟村无论是过去还是现在，采取这种形式的家庭并不多见。

过继时，收养方与被收养方要立契签约，写“过继单子”，在上面签字画押。同时，还要请同宗的族长、街坊邻居和朋友作为证人来参加过继仪式。因为过继后，领养家庭与过继子之间要修改宗族谱系，另外还要更改财产的继承权，过继的仪式对双方来说很重要。在满铁调查资料中，载有杜凤山、杜凤和收养侄儿为养子的过继单记录，具体如下：

过继子单

立主继合同人杜凤海，因堂兄杜凤山暨弟凤和年逾半百，老母在堂，均无子嗣，常以为虑，按支寻查，别无可继，惟胞兄凤仪之子学名无太一子，现十二岁，昭穆相当，可以为嗣，但凤仪仅无太一子，两堂兄弟凤山、凤和实为胞兄弟二人。事属棘手，于是敬邀街亲好友共同磋商，逐从权理，议定以堂侄一人为堂兄弟凤山、凤和二人之嗣，各方均力分如意，大众亦无不赞成。庶后春秋祭扫有人，香烟于以永传，对家族均抱乐观，对先人可告无愧，诚善举也。嗣后无太抚养、教训、衣食、婚姻等事，均归兄凤山暨弟凤和管理一切，他人不得干涉，而兄凤山、凤和所受先人宅基、田产、家具亦均归无太一人承受，立骑缝合同二张，各执一张为证。

族人：杜凤海、杜凤菜、杜凤仪

街谊：李登鳌、任福田、任福顺、任福善、任福祯

街谊：任长茂、王慎三、程祥绂（代字）、谢星海

亲友：张冬祥、王德功

骑缝合同

中华民国二十六年二月二十日　吉立[1]

上述是杜凤山与杜凤和收养堂侄无太的过程，过继单上明确约定无太要承担赡养两位老人、为其养老送终以及将来扫墓祭拜的义务。同时，两位老人必须抚养无太成人，宅基、田产、家具等均由无太来继承。

另一例是1916年村内李凤鸣将次子过继给弟弟的记录。李凤鸣有三个弟弟，大弟弟凤喈没有孩子，二弟弟凤桐有两子，三弟弟凤梧有两子。凤桐与凤梧提议把大哥凤鸣的次子永华过继给凤喈。凤喈有三次婚姻，原配杨氏早逝后，娶沙河庄的李氏为妻（没有宗亲关系），李氏死后再娶第三任妻子，不幸第三任妻子也早逝。把大哥凤鸣的次子永华过继给凤喈是按照通常的习俗来决定的。关于这一点，在满铁调查员与王慎三（冷水沟村的文化人，立契时的代笔者）访谈中有如下记录：

调查员：也可以把凤鸣的三儿子（老儿子）过继给凤喈吗？

王慎三：因为李凤喈在兄弟中排行老二，所以应该领养老二为过继子。

调查员：这是为什么呢？

王慎三：通常的习俗。

调查员：如果凤鸣、凤桐、凤梧三兄弟都只有两个孩子的话，应该把谁的孩子过继给凤喈呢？

王慎三：应该是把凤鸣的孩子过继给凤喈。

调查员：如果凤鸣没有孩子，凤喈、凤桐、凤梧每人有两个孩子的话，凤鸣应该收养谁的孩子呢？

王慎三：应该收养凤喈的孩子。

调查员：如果是这样的话，是应该收养凤喈的长子吗？

---

① 中国农村惯行调查刊行会编：《中国农村惯行调查》第4卷，第90～91页。

王慎三：是的。虽然在习俗上是这样的，也可以根据凤鸣的意愿来决定。

调查员：不管是领养哪个弟弟的孩子，都应该领养长子吧？

王慎三：是的，应该领养长子。

调查员：不管是哪一家的长子，不中意的话，可以领养次子吗？

王慎三：那样也可以。①

从上述的对话中，能看出过继时从家族内选定领养的对象，有相对稳定的机制和一定的弹性。在过继时，如果被过继的孩子在15岁以上，要征得本人的同意。如果父母同意的话，孩子反对的情况几乎没有。另外，过继后，可以继承对方较多的遗产。但是，即使没有那么多财产，兄弟们还是会把孩子过继给没有子嗣的收养者。下面是凤喈收养凤鸣次子的过继单：

主继人李凤桐、李凤梧：予胞兄弟四人，长兄凤鸣三子，余各二子，惟二兄凤喈年近五旬乏嗣，议将长兄次子永华承继二兄，上慰先父母未亡之心，下使子侄辈多寡相等，实恩义之兼尽，亦昭穆之攸关，情通理顺，合家心愿，各无反悔，商诸街亲族人，均无异议，爰同众书，立骑缝继券二纸，长、次两兄弟各执一纸为据。

街谊：杜登容、杨芙、谢华轩、谢长忠、王存智

亲谊：杨恩昭、张炳明、杨景权

族人：李玉起、李玉兰、李玉三、李玉忠、李权忠、李玉屏

代笺：王慎三

中华民国五年十二月初六立②

现今，过继行为必须符合《中华人民共和国收养法》的各项规定和应具备的条件。孩子过继，未满14周岁的被收养人条件如下：(1)丧失父母的孤儿；(2)查不到生父母的弃婴和儿童；(3)生父母有特殊困难无力抚养的子女。收养人也要满足以下四个条件：(1)无子女；(2)有抚养教育被收养人的能力；(3)未患有在医学上认为不应当收养子女的疾病；(4)年满30周岁。

① 中国农村惯行调查刊行会编：《中国农村惯行调查》第4卷，第139页。

② 中国农村惯行调查刊行会编：《中国农村惯行调查》第4卷，第139页。

(四)宗族仪礼

通常,祖先祭祀是宗族集团性活动的一个主要表现方式。但是,在冷水沟村,宗族成员一同祭祖的现象几乎没有。虽然在正月初一祭拜族谱,清明节时扫墓,但这些大多都是各个家族单独完成的。在祖先祭祀的仪式层面上,似乎缺乏作为宗族集团的凝聚力。每个宗族都有自己的祖坟,李姓和杨姓的祖坟在村东,谢姓的祖坟在东南,刘姓和程姓的祖坟在村南,王姓的祖坟在村西南,张姓的祖坟在村东北。上述宗族中,每个宗族除了有1～2亩的祖坟地的共同族产外,没有其他的共同财产。每个宗族中,通常让宗族中最贫困的家庭耕作族产(祖坟地)。但是在十月初一这一天同族的人来扫墓时,族产耕作者要准备好纸钱。

在冷水沟村的几大宗族中,唯有李姓宗族有自己祭祀祖先的祠堂,但李姓祠堂的历史并不久远。根据满铁调查资料的记载,1932年全体宗族成员共同筹款,购买了同族中李凤增的家作为宗族的祠堂。

虽然1932年李姓宗族建立了自己的宗族祠堂,实际上在祠堂举行的宗族活动并不多。仅在大年初一上午,李姓的宗族成员来祠堂集合,在正厅挂上祖先的家堂轴子,宗族成员按照辈分排好顺序,依次叩拜家堂轴子。随后,宗族中辈分低的人给辈分高的人叩头行礼,拜年问好。

没有祠堂的宗族,宗族成员则去保管家堂轴子或家谱的长支家拜年,给家堂轴子或家谱叩头祭拜。因为保管家堂轴子或家谱的长支家是一般的民居,并不是祠堂或家庙,容不下所有宗族成员一同前来祭拜,所以宗族成员都是三三两两地来叩拜。这时的费用由掌管族谱的长支家负担。宗族的其他成员带上纸钱、香典及祭祀用的鱼、肉等五样供品。关于这一点,满铁调查资料中有如下记录:

调查员:清明节去扫墓吗?

李长喜:随意。

调查员:祖坟以外还有家坟吗?

李长喜:有。

调查员:清明节的时候,祖坟与家坟同时扫墓祭拜吗?

李长喜:是的。

调查员：大家一起祭奠祖坟吗？

李长喜：不是。

调查员：新年聚会吗？

李长喜：不聚。

调查员：新年如何拜年呢？

李长喜：拜年是一家一户地拜。

调查员：清明节的时候，宗族成员不聚集吗？

李长喜：不聚会。

调查员：迄今为止，同族的人聚在一起商议过什么吗？

李长喜：没有。

调查员：那么，虽说是同族，没有任何关系吗？

李长喜：同族中特别亲近的关系及近邻以外的那些宗族成员与村民没有什么差别。①

中华人民共和国建立以后，宗族作为封建社会的遗留物，成为被改造的对象。李氏祠堂在“文化大革命”破“四旧”活动中被破坏，此后成为一般民居。因此，李氏一族在春节时祭祖的活动也由此终止。此外，大部分宗族的族谱也被没收、烧毁。“文化大革命”结束后，谢氏宗族还保留着在春节祭拜家堂轴子的习俗。进入21世纪以后，村内的李氏、程氏、王氏等家族相继重修了家谱，春节祭拜祖先的习俗又得以恢复。不过，总的来说，冷水沟村的宗族集团性活动并不明显，宗族间的连带性是相对松散的、随意的。

二、家　庭

（一）家庭类型

中国传统家族大致可划分为夫妇家族、直系家族、旁系家族三种。具体而言，夫妇家族相当于核心家族，家族成员由夫妇与孩子构成。直系家族是指在核心家族的基础上外加直系亲属，旁系家族是核心家族加旁系亲属。

① 中国农村惯行调查刊行会编：《中国农村惯行调查》第4卷，第136～137页。

在冷水沟村，中华人民共和国成立前后，村内的家族形态发生了较大变化。根据日本学者中生胜美在20世纪80年代初期对冷水沟村户口簿记载的3438人的统计分析得出，旁系家族在全部人数中有30人，仅占全体的0.8%，与内田智雄在20世纪前半期对冷水沟调查得出的旁系家族占3.85%的数值相比，旁系家族的比例呈减少的趋势，换言之，冷水沟村的家族形态向核心家族化倾斜。[①]

如上所述，中华人民共和国建立前，冷水沟村直系家族的形态占多数，通常每个家族三世、四世共同生活较为常见。例如，满铁调查报告资料中对冷水沟村张增俊的家族情况有如下记录：张增俊一家三世同堂，父亲张延梓48岁，母亲50岁，伯母，张增俊本人（长子），张增俊弟2人，张增俊3个孩子，张增俊妻，张增俊两个妹妹，总计家族12人。在居住上，父母、伯母在北屋，妹妹们住东屋，张增俊本人一家住南屋，西屋是仓库。

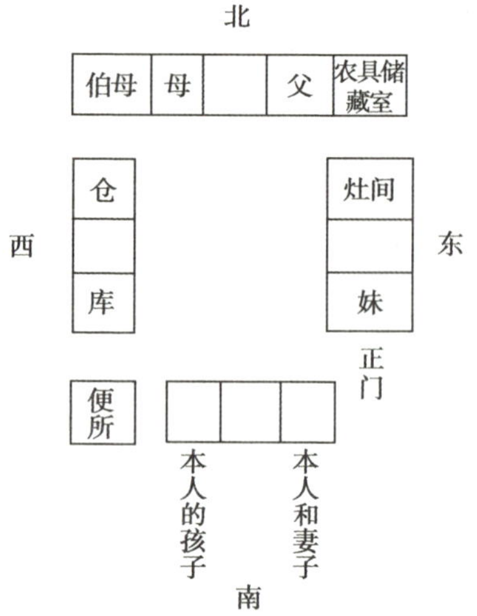

张增俊家族居住平面示意图

家长及兄弟承担家里的农田耕作。张增俊的母亲负责照看孩子，监督儿媳缝衣做饭。农忙时家里的年轻女性也帮助男性一起参加农事劳动。每天劳动结束后，男女各自分开用晚餐。

在这样的家族的日常生活中，也常会有各种矛盾出现，甚至会出现离婚、纳妾、分家等各种现象。

（二）休妻（离婚）

20世纪前半期，男方解除双方的夫妻关系通常被称为“休妻”，这一时期也有“离婚”的称呼。在冷水沟这样传统的村落，离婚的现象并不多见。根据满铁调查资料，在传统的乡村社会里，造成夫妇离婚的原因主要有夫妇不

① 参见[日]中生胜美：《中国村落的权力构造与社会变化》，第102页。

和、偷盗、奸淫、不孝、生活不顺等。在这些原因中,因奸淫离婚的最多,其次是偷盗,然后是不孝。[①] 1940 年,满铁调查人员对冷水村调查时,村内没有离婚的家庭。如果出现上述情况,村里人大多会采取忍让的态度来应对。不离婚还有另外一个原因,那就是不想让人耻笑。

村里如果出现上述纠纷和矛盾时,丈夫的家长(父母)会把妻子赶回娘家,娘家再把妻子送回夫家,这样的行为一年中要反复几次。

作为女方,如果和丈夫产生矛盾,首先会把对丈夫的不满控诉给丈夫的母亲,而不向丈夫的父亲控诉。如果在家庭中得不到解决,就会向近邻诉说,博得邻居的同情,借助外部的力量从传统伦理道德上给夫家施加压力。

(三)纳妾

纳妾,又称"填房"。中华人民共和国建立前,冷水沟村内存在纳妾的现象。纳妾时,一般从村外迎娶,本村的都不会同意。纳妾的原因大多是丈夫与正房没有子嗣。一般来说,正房至 40 岁时如果还没有生育孩子,丈夫就可以考虑纳妾。在冷水沟村,只有一例 40 岁前纳妾的家庭,那是因为正房妻子体弱,家里农活繁忙。如果没有适当的理由,人们基本不会纳妾。通常,丈夫与正房之间有孩子的家庭都不会纳妾。在村民的观念中,纳妾如果是为了传宗接代,一般能得到正房的理解,也不会受到邻里的非议。在日常生活中经常会出现妻、妾之间闹矛盾的情况。出现这种情况时,正房往往回娘家住两三天,消气后再回来。妾在家庭中的地位较低,通常不能像正房那样可以耍脾气、使性子,也不能分得财产。如果丈夫离世,妾与丈夫有孩子的情况下,要与正房共同生活。丈夫离世又没有孩子的情况下,妾就要回到娘家。在村民眼中,妾就是作为奉献而存在,对妾存在一定的歧视。在满铁人员对冷水沟村的调查记录中,有如下对话:

调查员:妾在精神上和物质上就没有不平、不满吗?

村民:妾与正房关系和睦。如果是城里的妾,我不知道具体情况如何。因为是在农村,繁忙的农耕生活使得她们没有时间去想这些。[②]

从村外嫁到冷水沟的妾通常是通过媒人的介绍而来的,娶妾者要向女

① 参见中国农村惯行调查刊行会编:《中国农村惯行调查》第 4 卷,第 111 页。
② 中国农村惯行调查刊行会编:《中国农村惯行调查》第 4 卷,第 65 页。

方娘家付谢礼100元左右。妾的年龄大多在20～30岁之间，再婚者占多数。结婚时，不举行婚礼仪式，仅买上2～3斤猪肉，简单操办。如果婚后丈夫死亡，且无子嗣，妾可以回娘家，也可以继续生活在丈夫家中。年轻的话，可以再嫁，或者嫁到穷人家做正房。

丈夫与妾生的孩子，称正房妻子为"娘""大妈"，称妾为"妈"，也有将二者都称"妈"的家庭。在村里，村民称妾为"二太太""二房"或"姨太太"，称正房为"大夫人"。妾称丈夫为"某某孩子的爸爸"或"当家的"。丈夫对别人介绍正房或妾时称呼"我家的"。妾称正房为"姐姐"，正房称"妾"为"妹妹"。丈夫的弟弟或弟妹称正房为"大嫂"，称妾为"二嫂"。

在族谱中，正房记为"显妣"，妾记为"嫡妣"。如果丈夫与妾之间有男孩，则作为正妻之子记入宗谱。

（四）分家

在冷水沟村，分家是指同一家族的人分割财产、各自独立生活的习俗。在分家时，各兄弟如果已成家的话，则平均分配家产及土地；如果有没成家的，那么还要在财产均等分配的基础上，额外给其200～300元作为结婚时的费用。[①] 另外，如有父母姊妹，兄弟之间还要共同负担赡养父母和照顾姊妹的义务。

一般来说，村中分家有四个原因：(1)妯娌不和；(2)婆媳不和；(3)兄弟相争；(4)父子不睦。[②] 其中，妯娌不和是造成分家的最主要的因素。妯娌不和、兄弟不和大多都是经济原因造成的。特别是兄弟之间的收入和支出、劳动能力有差别的时候，相互间会形成较大的对立和矛盾。例如，家族的收入通常由长兄作为家长进行管理和支配。如果兄弟两人共同在一个家庭生活，哥哥的孩子较多，弟弟的孩子较少，把收入平均分配给两个兄弟的话，相对来说，弟弟就比哥哥多承担了一部分家庭生活费用，弟弟就会因为负担过大而不满。而等到孩子长大以后，有了劳动能力，哥哥就会比弟弟家有更多的收入，两兄弟家的总收入平均后再分给哥哥和弟弟，哥哥就会不满。在同一家庭中，这些收入和劳动力分配的不平等，是家族成员间形成矛盾、致使

① 参见中国农村惯行调查刊行会编：《中国农村惯行调查》第4卷，第68页。
② 参见中国农村惯行调查刊行会编：《中国农村惯行调查》第4卷，第92～93页。

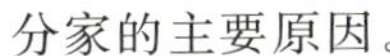

分家的主要原因。

满铁调查报告资料载有李永章(兄)和李永祥(弟)的分家过程。李永章和李永祥的父亲为李凤楼,李凤楼兄弟二人,兄为李凤标,李凤标有两个儿子李永荃和李永芳。在清光绪三十年(1904 年)时,凤楼与凤标分家。20 世纪前半期,凤楼的二子与凤标的二子(永荃、永芳)又各自分家。在当时的冷水沟村,凤标的次子李永芳的家有二层建筑,在村内是大户。永芳的家在清朝光绪年间出过秀才,凤标和凤楼分家时各自分得约 30 亩土地。可以说,李家在冷水沟村有一定数量的土地,是村内上等人家。满铁人员在冷水沟村调查时,李永祥为甲长。李永祥于 1936 年与哥哥李永章分家,分家的理由是哥哥李永章嗜酒浪费家财,兄弟间不和睦。分家时,永祥的父亲已故,家庭成员有祖母、母亲、永章夫妇和 1 个孩子、永祥夫妇和 2 个孩子,计家族 9 人。①

住居,分家前有南屋、西屋、东屋、北屋各 3 间和小西屋 2 间。分家后,永章家人居东屋 3 间,永祥的祖母与母亲居北屋 3 间,永祥一家居南屋 3 间,西屋没有使用。牲畜有牛 1 头、马 1 匹、鸡 4 只,永章分得牛 1 头,永祥分得马 1 匹,鸡每人 2 只。石磨归永祥所有。车 2 台,大车归永祥,小车归永章。剩余的桌子、椅子、餐具等家庭生活用具都是两兄弟均分。

土地方面,兄弟二人均分了村北旱田 2.5 亩、村西旱田 2 亩以及村西南 2 亩旱田、1 亩水田。在村西南还有 3 亩土地,二人均分了 2.2 亩水田,剩下的 0.8 亩旱田归永祥所有。另外,二人均分了村南的 2 亩水田;村南还有 4.5 亩旱田,永章 2.5 亩,永祥 2 亩;村东 1 亩旱田归永祥。② 兄弟二人平分土地约 17 亩,另外 6 亩土地是母亲的养老地,母亲在世期间不得处置。分家后,兄弟二人轮流照顾母亲的起居饮食。

分家时,需要村长参加;若村长不参加,则不能分家。在分家的过程中,还需要 3 名保证人(一位亲属、两位朋友)在场,要立契签字。另外,还要请村里的文化人(长老)写两份分家单,各自一册,以此互为凭证。

因经济问题产生的家庭矛盾是分家的主要原因。在村内人眼中,父母健在时兄弟分家,并不是一件非常光彩的事。满铁资料中载有"分家三年

① 参见中国农村惯行调查刊行会编:《中国农村惯行调查》第 4 卷,第 71～72 页。
② 参见中国农村惯行调查刊行会编:《中国农村惯行调查》第 4 卷,第 121 页。

愁”的谚语,意为“分家要愁三年”。因此,在出现分家这样的结果之前,家族中的长辈通常作为中间人都会对要分家的兄弟进行劝导。如果长辈劝说没有效果,会请族长劝说。如果族长的劝说也没效果的话,会请娘家的舅舅出面来劝说,以此来最终决定是否分家。

如上所述,分家很重要的一个问题是土地与家庭的关系。中华人民共和国建立以后,冷水沟村内分家较多的时期有两个:一是在1958年“大跃进”以后。这是因为“大跃进”所导致的土地荒芜和三年自然灾害引发了粮食短缺。集体化时代农民的口粮是按照一家一户来分配的。为了获得更多的口粮,从大家族中分出去独立生活的现象增多。另一个分家较多的时期是在改革开放以后。随着经济的发展和个人收入的增加,村民收入有了剩余,新婚夫妇在结婚时申请宅基地、盖新房,婚后独立生活已成为一种普遍现象。这一时期的分家与此前有着本质的不同:土地已国有化,不再是农民分家时分割的主要财产,分家仅限于宅地、房屋和家产,这也使分家变得简单容易。此外,在集体化时代,男女挣工分,同工同酬,女性在家庭中的地位提升,弱化了传统的家长制。

冷水沟村内情形(笔者摄于2015年11月15日)

改革开放以后,经济体制的变化使农村发生了根本性的改变。冷水沟村地处与济南交界的城乡结合部,深受城市发展的影响,城市中的价值观念和生活方式逐渐被农村的家庭所接受。时代变化给传统的农村社会生活带来了巨大的冲击,传统农村社会的家庭形态也随之发生改变。这种改变主要表现在三个方面：(1)家庭的规模缩小。冷水沟村在1978年，每户家庭平均人口是4.06人，1981年降到3.94人，1988年降到3.37人，至2008年下降至3.33人。[①] 从这些数字上能看出家庭人口呈递减趋势。与呈现这种趋势有密切关系的是80年代以后对计划生育政策的实施。1980年，山东省颁发《山东省关于计划生育若干问题的试行规定》，提出一对夫妇只生一个孩子，在全村650名育龄夫妇中自愿生育一胎者就有309人。在其后的计划生育管理问题上，冷水沟村执行国家政策达到100%。[②] 这些都是村内家庭人口呈递减趋势的主要原因。(2)核心家庭比重上升。这一点上文稍有提及，改革开放以后，孩子婚后独立生活成为一种普遍的选择方式。在对冷水沟村500人的问卷调查中，有46.1%的被调查者选择在婚后另立门户。[③] (3)代际家族和空巢家庭出现。[④] 这一点是现今农村特有的现象，在村内与老人的访谈中，经常能听到子女外出打工的描述：

王一凡：改革开放以后咱们村出去务农的人多吗？

程克兴：多啊！大包干以后出去的人就不少了……原来生产队的时候就有人出去干活了。那时候，干1天才1.48元，妇女1.25元。

王一凡：那外出打工都做什么呢？

程克兴：有什么活就干什么活。

杨建秋：他们一般往哪些地方去啊？

程克兴：厂子里。[⑤]

从以上与老人的对话中，我们可以看到80年代以后农村的生产、生活方式发生的变化：传统的农业生产不再是农民收入的主要来源，外出打工或个体经营成为增加家庭收入的主要方式。对于这种生活方式的主动选择或被动选择，也促使农村社会家庭的结构发生变化。上文所提及的核心家族、直系家族、旁系家族已不能对现今的村落家族形态给予足够的说明。综观从20世纪初期至今冷水沟村的家族形态的变化，可以说经历了一个以直系

① 参见林聚任、解玉喜、杨善民等：《一个北方村落的百年变迁》，第131页。

② 参见冷水沟村志编纂委员会编：《冷水沟村志》，第55页。

③ 参见林聚任、解玉喜、杨善民等：《一个北方村落的百年变迁》，第132页。

④ 关于这一点，详见林聚任、解玉喜、杨善民等：《一个北方村落的百年变迁》，第133页。

⑤ 访谈人：王一凡、王延新、王玺杰、杨建秋。被访谈人：程克兴，1942年生，74岁。访谈时间：2015年11月19日。访谈地点：冷水沟村委。

家族为主到以核心家族为主的演变过程。在这一过程中，还形成了代际家庭和空巢家庭这样的新型家族形态。

冷水沟村骑车回家的老人(笔者摄于 2015 年 11 月 15 日)

第四章
村落的仪式与活动

一、祈　雨

20 世纪初期，冷水沟村的祈雨活动是全村宗教信仰活动的最大盛事。从规模及仪式来看，周边任何一个村落都不能与之相比。祈雨活动关系着村中每家每户。这种集体活动不仅仅是村落宗教信仰的表现，更包含着稻作生产对冷水沟的重要性和村落内部的宗族及村落政治等复杂交错的关系。

（一）祈雨前的准备

冷水沟村的祈雨习俗可以追溯到清末，每年是否举行祈雨活动，主要根据1～6月雨量的多少来决定，是一种不定期的活动。关于这一点，笔者在冷水沟村采访时，就祈雨一事与亲历祈雨活动的李兴禹老人有如下交谈：

韩朝建：您参加过几次祈雨？

李兴禹：我参加过一次。后来就没有这些事了。

赵彦民：后来就没有了吗？

李兴禹：后来就没有了。久旱无雨才祈雨，因为祈雨的目的就是帮助村民度过大旱之年。

李兴禹(左一)老人讲述祈雨活动(笔者摄于 2012 年 5 月 13 日)

韩朝建:祈雨时间固定吗?

李兴禹:不固定。不是说每年什么时候(举行)一次,也许隔三年、五年,也许隔一年、两年。碰到咱们庄稼旱得保不住了,庄里的一些有威望的人,才商量一起祈雨。①

正如李兴禹老人讲述的那样,祈雨活动不定期举行。1941 年,满铁调查人员到冷水沟进行调查的这一年,村里举行了祈雨活动。上一次是 1938 年 6 月。② 20 世纪前半期,祈雨活动通常是在雨量较少的伏旱年头,由村长(又称为"庄长")招集各保长及村中长老共同商议,决定祈雨的日期、任务分工、临时摊款等事宜。③ 这些具体事宜商定后,在举行祈雨仪式的地点——本村玉皇庙内张贴榜示,告知参加祈雨仪式村民的具体分工(详见下表)。

---

① 访谈人:韩朝建、赵彦民。被访谈人:李兴禹,1927 年 11 月 27 日生,85 岁。访谈时间:2012 年 5 月 13 日。访谈地点:李兴禹老人家里。

② 参见中国农村惯行调查刊行会编:《中国农村惯行调查》第 4 卷,第 30 页。

③ 冷水沟村的规模较大时有 300 多户,村下设有 4 保,村政要事通常由村长及 4 位保长协商决定。

祈雨活动时村民分工表[①]

1	管理内账房	杜凤山	任福申	李凤坤	刘希恩	任福裕	张增俊
2	修　表	李长泌	程德麟	谢星海	杨仲云	王慎三	
3	请　神	李凤昌					
4	修理玉轿	张福增	王春田				
5	升　炮	张立业	谢怀歧	李长河			
6	打水烧水	张学洪	张学文	李长治			
7	抱升水瓶	李凤雷	高文龙	李长雨	李兴云		
8	随驾烧纸	高名远	谢保臣	谢长增	李宗任	李宗江	
9	坛上烧纸跪坛	张廷辉	李雨泉	王其贵			
10	打　伞	李凤雨	李希武	李兴邦			
11	跪　坛	李　贤	李雨德	李凤文	李玉青	李长贵	李凤俊
		高金声	李凤嶷	李宗岱	李玉泽	谢怀章	李文翰
		刘锡瀛	杨恒修				
12	随驾跪坛	李永茂	李凤桐	谢保田	李永荃	任福顺	王长成
		李登鳌	李保清	李登翰	杜振声	李凤池	程德隆
		杜延禄	杨立德				
13	管理銮驾	李凤会	谢保林	李鸿儒			
14	下转牌	刘化南	谢殿枫				
15	法师随驾	李殿臣	刘万宝	李殿一			
16	管理铜器	李廷福	李长岱	李长达	李长德	李兴起	杜永财
		谢殷选	李长林	任福财			
17	管理旗章	杜凤江	李全孝	杨庆云	李凤福	李宗恭	任福润
		李长庆	刘加祥				
18	管理外账房	李凤祥	李凤年	任福裕	李长溪		
19	听　差	李长岐	李长英	李兴昌			

① 该表根据中国农村惯行调查刊行会编《中国农村惯行调查》第 4 卷第 30 页的满铁调查人员访谈记录制作。

祈雨是全村性的集体活动，从举行仪式的前三天起，全体村民要进行斋戒，禁止吃葱、蒜、猪肉及其他肉类，夫妇不能同房；同时，还要禁止外村人进入村内贩卖猪肉，违者将被赶出村外。[①] 另外，村中的女性在祈雨期间严禁出门。

斋戒期间，负责祈雨活动各项分工的村民各自做相应的准备。例如，负责玉轿修理的村民将存放在玉皇庙内的轿体框架搬出，在此框架上重新用柳枝编扎轿身、上顶，供玉皇在游街时乘坐。祈雨仪式的当天，在玉皇庙前要事先把玉轿准备好，由负责请神的李凤昌将玉皇大帝的神像从玉皇庙搬出，安置到玉轿上。玉轿的后面是手持銮驾、鼓乐、旗章的队伍。[②]

（二）祈雨的仪式及路线

当日，参加祈雨活动的各成员在玉皇庙准备就绪后，前往本村东北的白泉“捉鱼取水”。仪式队伍的最前列是村中四位长老（李宝庆、王为善、李玉书、李登鳌），由其引领队伍行进。长老后面是两排手持写有“五谷丰登”“风调雨顺”“国泰民安”旗子的队伍，紧接着是两排跪坛者的队伍。第三队列的正中央是铜锣等鼓乐打手，两边是持旗者。第四队列的前半部是打伞队伍，后半部是两排銮驾的队伍。銮驾器具有金瓜、月斧、朝天登、龙头、虎牌、大刀、剑、木棍、鞭等，共 16 种，每种器具都为一对。在仪式中持銮驾器具的人较多，从村中每家选择一名男子来担任。第五列的前半部仍是伞队，后半部是乘有玉皇大帝神像的玉轿。玉轿由四名村民负责抬送，左方有一名道士伴随，其后还跟随有 10 人轮换抬轿的村民。此外，还有一名道士在玉皇庙内留守烧香。[③]

祈雨队伍起轿前，由升炮手“鸣枪”[④]三次，作为出发的信号。祈雨队伍从玉皇庙向本村东部的裴家营村行进，由此再向北部的纸房村前进至白泉。至目的地白泉途中，路经裴家营村及纸房村时也要鸣枪。村民听到枪声，会

---

① 参见中国农村惯行调查刊行会编：《中国农村惯行调查》第 4 卷，第 32 页；[日]内田智雄著《中国農村の家族と信仰》，弘文堂，1948 年，第 132 页。

② 参见中国农村惯行调查刊行会编：《中国农村惯行调查》第 4 卷，第 32 页。

③ 参见中国农村惯行调查刊行会编：《中国农村惯行调查》第 4 卷，第 31～32 页。

④ 这里所说的“枪”是指火药枪，被当地村民称为“神枪”，枪身上有三个弹孔。

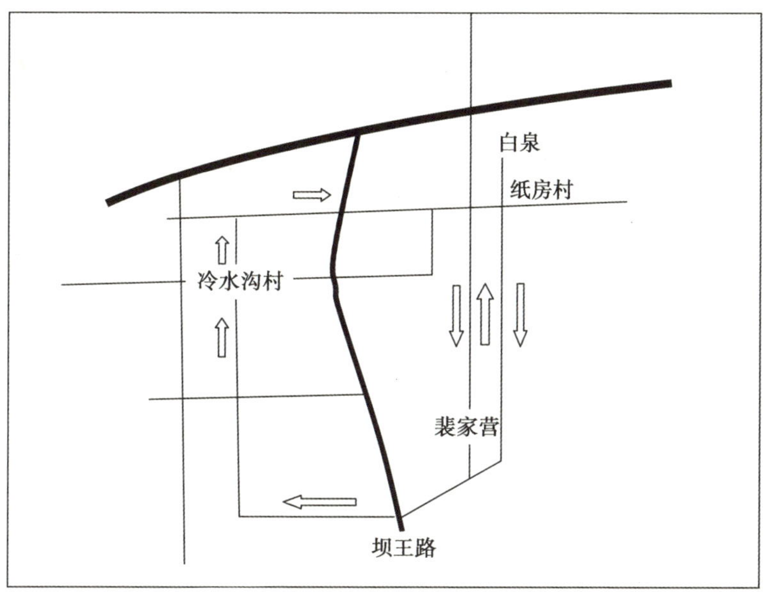

祈雨队伍取水路线图

出来迎神抬轿，献上贡品，烧香跪拜。不过，祈雨队伍路经村内时不能停留休息，直至白泉。①

队伍行进至白泉后，首先“鸣枪”，放下玉轿，烧纸跪拜；其次，入泉取水，装入事先准备好的瓶中；再次，村民入泉捕捉鱼，把捕捉到的第一条鱼装入瓶中，供奉到玉轿前。而后，祈雨队伍和村民一同跪拜，在白泉的“取水捉鱼”的仪式就此结束。关于当时仪式的情形，李兴禹老人给我们作了如下讲述：

>……开始，得去摸鱼。从庄上走到裴家营，再到白泉。（白泉）是济南市的七十二泉之一，白泉那时候大。到白泉，会水的村民下去摸鱼，谁能摸着鱼，就奖励他1斗高粱。那时咱还是小孩也不敢下，就在旁边看热闹。谁摸到了，就举起手，后来再摸到的就不算了。用一个大瓶子，盛上水，（把鱼）放到里头，然后放炮，表示祝贺。②

在此需要说明的是，在白泉内捉到的鱼必须是鲫鱼，“鲫鱼”与“急雨”谐

① 参见中国农村惯行调查刊行会编：《中国农村惯行调查》第4卷，第32页。

② 访谈人：韩朝建、赵彦民。被访谈人：李兴禹，1927年11月27日生，85岁。访谈时间：2012年5月13日。访谈地点：李兴禹老人家里。

音，取“早日降雨”之意。在白泉的“取水捉鱼”仪式结束后，装有鲫鱼的水瓶不随祈雨队伍一同返回，而是由几人专门护送，抄近路直接回玉皇庙，目的是不让鱼死。如果鱼在半路死掉，就意味着失去了获得“急雨”的机会。挑选护瓶人员也有一定的说法，例如在“祈雨活动时村民分工表”的“抱升水瓶”一栏中，四位村民的名字分别是“李凤雷”“高文龙”“李长雨”与“李兴云”，选择这几位村民护瓶是因为他们名字中的“雷”“龙”“雨”“云”都是对祈雨吉利的字眼。另外，祈雨队伍返回时，至裴家营村是按照来时的路线，至裴家营后便改变来时方向，向西途经李家庄后返回本村。[①] 这样走的目的是为了游遍整村，出发时是沿着本村的东街出村，返回时是沿着西街进村，从而使全体村民都能得到神的庇护。

（三）祈雨仪式：升表

祈雨队伍返回玉皇庙后，首先是把玉皇神像安置回原位，把鲫鱼从瓶中移至庙内的瓮中，道士诵经，全体人员一同烧香叩拜，祈求神灵早日降水解旱。[②] 正午，举行祈雨活动中重要的一环——“升表”仪式，即焚表。在升表前，首先要“修表”。修表即起草祈祷文，这一项任务通常都是由文化程度较高的本村校长来承担，在上等的黄纸上写上“久旱无雨，民不聊生，众盼甘霖”之类内容。[③] 接下来是升表，由庄长来主持。这一仪式也相对复杂，表长约 8 寸，把其折好放到高 2 寸、宽 2 寸的木匣子中，此物又称为“表匣”。在表匣中除表文外，还要把木制的上天梯、登云鞋、纸钱 7 个、少许上等茶叶、7 根针、少许银朱和檀香分别用纸包好一起放入，表匣的外表用黄纸包装成龙的形状。此后，将其放到木制的托盘上，用红布盖好。这些准备就绪后，庄长手持托盘到庙前的天地坛前跪拜，焚表祈祷。同时，村民也一同磕头礼拜，祈愿早日降雨。升表仪式后，庄长抽签占卜何日降雨。最后，全体祈雨村民拜天，向玉皇大帝神像叩首，就此第一天昼间的仪式结束。[④] 村民分头回家短暂休息、进食，晚饭后再到玉皇庙集合。

---

① 参见中国农村惯行调查刊行会编：《中国农村惯行调查》第 4 卷，第 31～32 页。

② 参见中国农村惯行调查刊行会编：《中国农村惯行调查》第 4 卷，第 32、60 页。

③ 根据《中国农村惯行调查》第 4 卷的记录，在 1941 冷水沟村举行祈雨活动时，修表人员之一的谢星海为冷水沟村小学校长，李长泌是前乡长。

④ 参见中国农村惯行调查刊行会编：《中国农村惯行调查》第 4 卷，第 30、32、60 页。

傍晚，道士焚香烧纸，先念《三官经》，再诵《北斗经》。诵经期间，村民在庙内外跪地倾听，两段经文结束后归家小憩。子夜12点，村民再次返回庙内，此时道士诵咏《皇经》（又称《过皇经》）。《皇经》被认为是祈雨最重要的经典，村民更要跪坐垂听。因为《皇经》的经文较长，天将泛白时方能终了。至此，第一天的祈雨仪式告一段落。次日、三日的仪式除不去白泉取水捕鱼外，与第一天完全相同。[①]

（四）谢神与收钱粮

在3天的祈雨仪式中，村民会对神许愿，天若降雨将如何酬神、谢神。1941年冷水沟村举行的祈雨，村民们仅许下天若降雨就献上充足的贡品酬谢神灵的心愿。虽然此前也请过戏班来演出酬神，但因费用较高和不利治安等因素，这次没有许下这样的心愿。十分幸运的是，在冷水沟村这次祈雨活动的第三天和第四天，天降了大雨，村民欢呼雀跃。雨后即日，村民按约，进贡谢神。稍后，又为神换了新衣，重新粉刷了銮驾。[②]

降雨后另一项重要活动是去邻村谢神游街，同时也有玉皇庙的神灵进村察视民情之意，这一活动又被村民称为“收钱粮”。[③] 仪式活动也为期3天，出游队列与去白泉取水之时几乎完全相同，只是不需要拿盛水装鱼之瓶。仪式初日，游走于本村北部的各村庄。其路线如下：冷水沟—（4里）—东沙河—（2里）—滩头—（半里）—坝子—（5里）—苏家庄—（1里）—朱家桥—（3里）—北新庄—（2里）—孟家庄—（1里）—王家闸—（1里）—西沙河—（3里）—冷水沟。

次日，游走于本村西部的各村庄。其路线如下：冷水沟—（3里）—小张马—（1里）—水坡—（5里）—洪家园—（6里）—大辛庄—（3里）—陈家张马—（半里）—许家张马—（4里）—杨家屯—（1里）—冷水沟。

第三日，游走于本村南部的各村庄。路线如下：冷水沟—（1里）—杨家屯—（3里）—周家庄—（半里）—靳家庄—（半里）—郭庄—（1里）—张马屯—（4里）—姜家庄—（2里）—赵家庄—（2里）—陈家庄—（半里）—玉皇台

① 参见中国农村惯行调查刊行会编：《中国农村惯行调查》第4卷，第32～33页。
② 参见中国农村惯行调查刊行会编：《中国农村惯行调查》第4卷，第33页。
③ 参见中国农村惯行调查刊行会编：《中国农村惯行调查》第4卷，第31页。

(在此午休)—(半里)—王舍人庄—(1 里)—南苏家庄—(2 里)—赵仙庄—(1 里)—李家庄—(1 里)—冷水沟。①

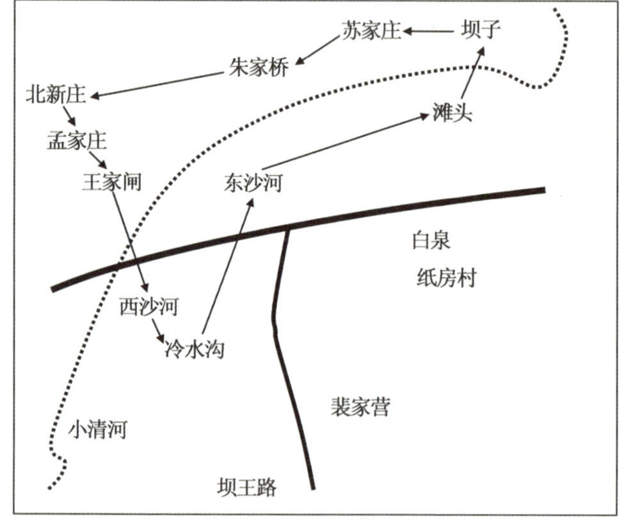

北部村庄巡游路线图

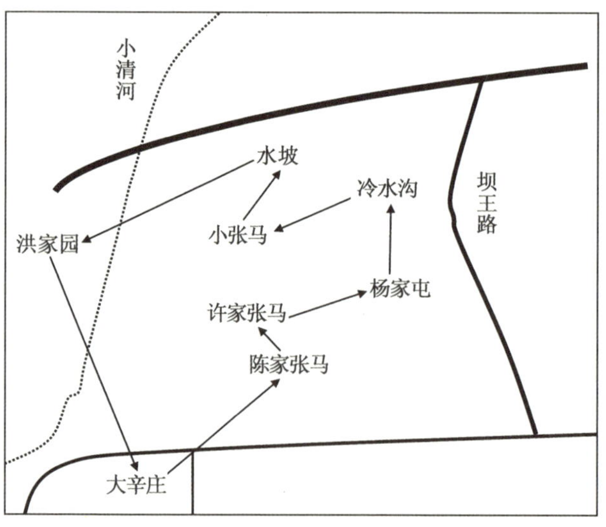

西部村庄巡游路线图

① 以上巡游路线均参见中国农村惯行调查刊行会编:《中国农村惯行调查》第 4 卷,第 33 页。

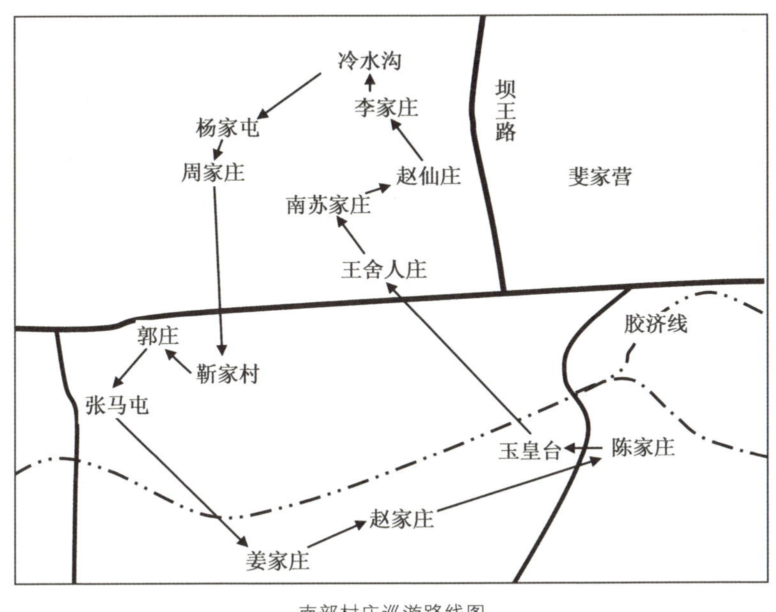

南部村庄巡游路线图

游街队列每进一村，该村村民都以礼相迎，神前贡物，焚纸谢神，抬轿送神出村。在为期3天的游神谢礼仪式中，共游走周边29村，活动范围广，促进了冷水村与周边各村落的互动与联系，增进了村落间的亲近感。① 例如，满铁调查人员在苏家庄向庄长陈长厚询问该村是否参与冷水沟的祈雨活动时，得到了如下回答：

调查员：今年贵村没有举行祈雨活动，上一次是什么时候举行的？

陈长厚：五六年前举行过一次。

调查员：今年贵村参加冷水沟村的祈雨仪式了吗？

陈长厚：没有。

调查员：冷水沟村祈雨后，天马上就降雨了，为此举行了游街酬神的活动。酬神队伍通过贵村时，你们是如何接待的？

陈长厚：游街队伍快进村的时候，本村敲锣通知村民，表示欢迎。本庄人替换冷水沟村的轿夫，护送玉轿在本村通过。由本村人抬轿是对玉轿表敬，有“迎送”之意。游街队伍在本村的三圣堂稍作休息。本村人在此为玉轿献上鸡、鱼及猪肉等贡品，焚纸烧香，跪拜感谢。

① 参见中国农村惯行调查刊行会编：《中国农村惯行调查》第4卷，第33页。

调查员:除此以外,还对冷水沟村祈雨的灵验表示什么谢意吗?

陈长厚:仅此而已。[①]

如上所述,祈雨活动共进行6天。"收钱粮"活动后,冷水沟村民们把神像安置回原处,一同礼拜,整理安放好祈雨道具,活动至此结束。

祈雨活动中所需费用由村民负担。村费通常是按照土地所有者的面积征收,但祈雨摊款是按照每户来筹集。摊款不足以支付祈雨所需费用时,先由庄长预付,活动结束后从村费中领取。原则上每户30钱,在斋戒期间由村民自己送至玉皇庙,不过贫民或者外来住户等经济困难者也可不分担摊款。此外,在冷水沟的祈雨活动中,唯一参与的外村人员是李家庄的村民。李家庄与冷水沟相隔不远,两村关系亲近。在1941年的祈雨仪式中,李家庄的村民自持铜锣、大鼓加入到取水行列,村长也随行队列并参与了跪坛。[②]

以上是对冷水沟村祈雨活动的全部过程的描述。从中不难看出,组织与运营村宗教活动的主要人员由具有行政职务的庄长、保长、甲长及村落精英(宗族长老、文化人等)组成。如"祈雨活动时村民分工表"所示,祈雨仪式中领队前行的四位长老在村中德高望重,热衷并熟知村内的宗教活动。管理内账房是管理祈雨活动费用的收支,职能重要,由庄长杜凤山带领四位保长来担任。修表则由村中有文化的知识分子来承担,例如谢星海为小学校长,程德麟过去曾任校长,这些人也都有修庙、撰写碑文、热心村内宗教活动的经历。祈雨活动中最重要的环节升表仪式由庄长杜凤山主持完成。以此类推,除神职人员外,在担任各项职能的人员中,大部分是村内甲长和乡村精英。由此给我们呈现出村落宗教活动是由上至下的全体村民共同参与的仪式。但是,这里需要注意的一点是,冷水沟村呈现出的这种现象并不是华北村落的普遍现象,而是一个个案。之所以特殊,是因为冷水沟村大地主及佃农都相对较少,370多户中大多都是自耕农,贫富差距较小。本村盛产稻米,村民生活富足,祈雨仪式对以稻作生产为生的村民来说更重要。中华人民共和国建立前,冷水沟村流传着这样一句顺口溜:"金滩头,银坝子,吃不穷的冷水沟。"它充分地说明了冷水沟村当时的经济状况。另外,20世纪前半期冷水沟村受外部影响较少,村落大致保持了原有的传统。

① 参见中国农村惯行调查刊行会编:《中国农村惯行调查》第4卷,第37~38页。
② 参见中国农村惯行调查刊行会编:《中国农村惯行调查》第4卷,第30、33~34页。

二、乡村艺术活动

在20世纪前半期，冷水沟村内有"秧歌腔戏"和"子弟玩友"等乡村艺术活动团体。

(一)秧歌腔戏团体

秧歌戏源于劳动者在田间地头劳动时所唱的歌曲，后与民间舞蹈、杂技、武术等表演艺术相结合，在每年正月社火时演唱带有故事情节的节目，逐步形成了戏曲形式。因地域不同，秧歌戏在表演形式和内容上也存在很大的差别。

冷水沟村的秧歌腔戏又称"轴股子戏"，在清末从邻村的坝子村传入。在20世纪初期的乡村社会里，村民的文化生活非常匮乏，听戏和看戏是村民日常生活中为数不多的娱乐活动之一。秧歌腔戏，乡土气息十足，多是反映村民的生活、家长里短的生活小戏，并且情节简单，表演形式诙谐幽默，备受村民喜爱，是年节中必演的娱乐项目。

坝子村的秧歌腔戏在冷水沟村扎根主要源于两村的秧歌腔戏的爱好者对这种地方性文化的传播与交流。在冷水沟村的秧歌腔戏组织还未成立时，村内的爱好者们就邀请坝子村秧歌腔戏鼻祖邓洪山的母亲来冷水沟村的东场表演。这次演出给村民留下了很深的影响，激发了村内戏迷们学戏的兴趣。① 关于当时的情况，在冷水沟的村志里有如下记载：

> (秧歌腔戏)开始传入冷水沟村时，由于人手、服装都不够规格，不够完善，演唱时多在晚间饭后人口聚集的地方清唱，常由表演者碎步圆场，两臂交叉左右摆动，配合剧情剧意而展开动作。许多人都是由戏迷成为演员的。那时候初步表演时，多以一条板凳为戏台。板凳前为前台，板凳后为后台。演员都在板凳后等候，谁该上场演唱就由右边上场，演唱完后由左边下场。只有打击乐，没有管弦乐器。看戏的观众都各带凳子，戏演得虽然简单，但人们都很喜欢，观众们都仔细地看，静静

① 参见冷水沟村志编纂委员会编:《冷水沟村志》，第89页。

地听。现场鸦雀无声，秩序井然。经常是戏唱完了，人们还不肯离去，所以又叫“拴老婆橛子戏”。后来学戏的人多了，队伍也就扩大了。[①]

就这样，秧歌腔戏在村内扎下了根，得到了村民的认同，成为村民茶余饭后的娱乐活动之一。冷水沟村内的秧歌腔戏团队是爱好者们自发组织的，演出都是无偿的，没有任何收入，所以演出所用的服装、道具及演出时的饮食都由村民自发捐献，有的捐钱，有的捐粮。在村内秧歌腔戏爱好者和村民的共同努力下，秧歌腔戏的组织渐渐地完善起来，形成了“秧歌腔戏社”。在此后的发展中，秧歌腔戏社不仅在新年和农闲时为村民表演，如果在村民的婚庆、生日、满月等场合受邀，也会为村民助兴娱乐。[②]

冷水沟秧歌腔戏在人员的组成上，可以分为三个发展阶段：初期阶段较出名的演员有李凤奎、李凤乾、李凤久、李长修等人，中间阶段代表性的演员有李凤杰、杨立顺和高宝山等人，后期阶段代表性的演员有李宗荣、谢殿杰、李长林等。[③] 村内的秧歌戏表演者们为了更好地向村民展示演技，每逢春冬农闲时期或春节、正月十五，就聚集在一起排练对戏。此外，他们也经常与村外的戏友社团往来切磋。

表演内容上，秧歌腔戏主要是反映乡土气息较浓的作品，代表性戏目是《王小赶脚》。这出戏主要是讲在鲁中地区农村新媳妇二姑娘雇驴回娘家，通过与王小雇驴、讲价钱、骑驴、追驴、上山、过河、观景、数钱、赠挎包等情节，展现当地的风土人情，反映村民的生活世界。此外，还有《秦雪梅吊孝》《天仙配》《吕蒙正赶考》《松林会》《安安送米》《推磨子》《王二姐思夫》和《赵美蓉观灯》等。

（二）子弟玩友社[④]

冷水沟村的子弟玩友社，是村内喜欢戏曲的村民自发组织起来的一个为村民办喜事的团体。这个组织是以村内杨氏家族为中心组成的，主要成员有杨长清、杨长润、杨兆修、杨诚修、杨珠修、刘化忠、刘化南、王春田、李兴唐、范庆祥等。他们主要以杨长润家为活动中心，乐器等演出道具都保管在

---

① 冷水沟村志编纂委员会编：《冷水沟村志》，第 90 页。
② 参见冷水沟村志编纂委员会编：《冷水沟村志》，第 90 页。
③ 参见冷水沟村志编纂委员会编：《冷水沟村志》，第 90 页。
④ 此部分内容参见冷水沟村志编纂委员会编：《冷水沟村志》，第 90～92 页。

杨长润家里。

子弟玩友社在活动时常用的乐器有鼓板、手板、大锣、小锣、大钹、板胡、横笛、唢呐、双管等。活动时的具体分工为:王春田掌鼓板(乐器的领头者),刘化南提大锣,杨长润提小锣,刘化忠拍大钹兼吹唢呐,杨兆修吹横笛,杨长清拉板胡(主弦)。剧种是河北梆子。他们在春冬农闲季节进行集中练习。

子弟玩友社主要活动的内容是村民举行婚礼时为其助兴。活动的过程如下:村内的某家若办喜事,确定日期后,先要联系子弟玩友社的联系人刘化南,交上少许丝弦钱(也称"小请客"),然后由子弟玩友社联系人通知团队成员。在婚礼的前一天晚上,全体在杨长润家集合,然后携带所有乐器,到举行婚礼的村民家中唱戏,方式是围坐在一张方桌的周围。除去提大锣的人站立外,其他人依次列坐吹、拉、弹、唱。因为是为办喜事助兴,所以选择欢庆、愉悦的曲目,例如演唱的剧目有《商园会》《龙凤呈祥》《吕蒙正赶考》等,乐器合奏的主要曲调是《苏武牧羊》《大开门》等。

婚礼当天,子弟玩友社与主家一同迎娶新娘。到新娘家后,开始吹奏各种喜庆的曲牌,在迎娶回来的路上,也一路吹吹打打,直到婚礼仪式结束。仪式结束后,停止曲牌演奏,立即开锣唱戏,一直到中午 12 点左右。子弟玩友社在村里婚庆仪式上的助兴表演不收取任何报酬,所以在助兴结束后,主人会赠送香烟、茶点,以示感谢。

(三)冷水沟村在中华人民共和国建立后的文化活动①

1949 年 12 月 21 日,中华人民共和国文化部发布了关于开展年节群众宣传工作和文艺工作的指示,要求各地利用年节的时机开展群众文艺活动,做好宣传教育工作,并且明确提出了宣传内容。在此背景下,这一时期冷水沟村内组织的文艺活动,大多都是反映当时社会的主旋律,文艺活动也都是以青年学生为主。最初,村小学李长桐和丁斌两位老师指导学生排演了《全家忙》,内容是一家人齐心协力支援前线的故事。此外,假期归乡的学生李长年、刘希圣、李兴禹、李兴文、谢景培、李焕春等人排练了《兄妹开荒》《南泥湾好地方》《夫妻识字》等歌剧。妇女速成识字班的师生刘泽芳、李兴云、李维芳排演

① 此部分内容参见冷水沟村志编纂委员会编:《冷水沟村志》,第 92～93 页。

了慰问军属的歌剧《送柴》和《拾棉花》等剧目。村民自发组织，参加排练节目，代表性的剧目有《捉放曹》《秦雪梅吊孝》《打渔杀家》《小仓山》等。

1955年，冷水沟村的东方红高级农业生产合作社俱乐部成立，村内的文化活动在历城县文化馆的指导下，排演了黄梅戏《夫妻观灯》《打猪草》和表演唱《十大姐》《八女夸夫》等节目。其中，《夫妻观灯》和《打猪草》剧目作为历城县的文艺会演代表，参加了泰安地区的文艺汇演，杨善修和王玉英表演的《夫妻观灯》荣获地区一等奖，并被山东人民广播电台采访录音。1964年后，市、县文化部门把冷水沟村作为重点扶持对象，对村内文化娱乐活动进行了多次指导。这一时期处于“四清”和“文化大革命”前期，编排的剧目都是反映时代需求的剧目，例如《夸五好》《老贫农》等表演唱节目。1965年，历城县文化馆又组成工作组入驻冷水沟，组织指导排演了吕剧《都愿意》、歌剧《新媳妇》、话剧《箭杆河边》和《两块六》等。这些在全村组织的大唱革命歌曲的活动再次被山东人民广播电台关注，“山东农村”节目以《老贫农》的唱腔为引子，介绍了冷水沟村的文化娱乐活动。1967年，内蒙古乌兰牧骑宣传队曾来冷水沟村演出，冷水沟村歌唱队与到本村来访的乌兰牧骑宣传队同台表演了《向乌兰牧骑学习》，博得了广大观众的好评。70年代，冷水沟村里涌现了新的的文艺骨干，先是李兴德、李兴运等人组织排演了吕剧《两垄地》《都愿意》剧目，此后谢兆义、杨建庆组织排演了《墙头记》等剧目。改革开放以后，村内的刘顺儒、杨志修、杨怀珠、李廷铎、李廷汤等人组织了业余剧团，在市区举办的迎香港回归祖国汇演中获奖，其后排演的《补瓢》《喝面叶》等剧目在区及镇的演出中获得好评。

从中不难看出，中华人民共和国建立前，冷水沟村内的集体文娱活动主要是以村落精英为主导；中华人民共和国建立后，村落文娱活动表现出鲜明的时代特色。

三、老年协会[①]

1996年，冷水沟村恢复重建了老年协会。当时老年协会的主要活动内

① 此部分内容参见冷水沟村志编纂委员会编：《冷水沟村志》，第94页。

容是，在老年协会的常务副会长杨汝群的带领下，组织协会成员学习，带领村民进行每周一次的读报活动。重要的是，这样的学习形式被固定下来，成为定时、长期的活动内容之一。这样的活动得到了村民的认可。每次活动的时候，大家都能积极参加，了解当前国家发展形势。每年春节，老人协会还会开展慰问活动，给本村的军属、烈属赠送春联等。

除上述活动外，冷水沟村的老年协会还经常组织知识竞赛和书法学习、展览等活动。为了提高村民对时事政策的理解和个人的文化素养，在1998年、1999年和2001年老年协会组织了三次知识竞赛。

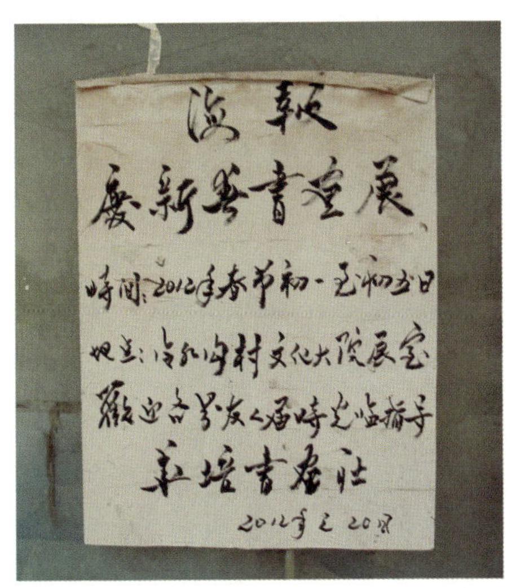

村委会门口张贴的新年书画展海报(笔者摄于 2012 年 5 月 13 日)

书法学习与书法展览是冷水沟村的文化传统。20 世纪前半期，村内的程德麟、程德馨、谢星海、李长泌、李长贵、李健全、李心恭、李兴荣等人擅长书法；现今村内擅长书法的爱好者有杨鲁溪、杨健康、李恩成、李维敬、谢兆魁、李兴渭、王希孟、杨健群、杨兴照等人。①

---

① 这些书法爱好者中，较有成就的有杨鲁溪、杨建康、李恩成、李维敬。杨鲁溪，生于 1931 年，历城师范高级讲师，山东省书画学会会员，作品在省、市、区举办的展会上曾获得好评；2008 年 9 月，荣获毛泽东诞辰 115 周年“毛泽东诗词全国书画大赛”金奖，并被授予“当代书画艺术界风云人物”称号。杨建康，作品参加过全国、省、市组织的书法大赛，多次荣获金、银、铜奖。李恩成，山东省美术协会会员，济南华阳书画院秘书长，历城青年美协副主席，作品多次荣获全国及省美展优秀奖。李维敬，济南市书法家协会成员，济南市老干部书画协会会员，作品多次选入市区老干部书画展。

在这样的文化传统基础上，1997 年和 2000 年暑假，老年协会整合村落内部的文化资源，组织了两次书法学习班：第一次由杨鲁溪主讲如何写毛笔字，参加书法学习者都是爱好书法的中老年人。第二次书法学习班由杨汝群、李廷夫组织领导，聘请了本村的杨鲁溪、李兴渭、李渭敬、杨钧杰和王天成等书法爱好者，在冷水沟小学为村内三年级以上的部分学生以及本村的中学生、大学生指导书法。老年协会通过这样的活动，给村内更多的书法爱好者提供了学习和交流的机会。以此为契机，在 2004 年、2005 年和 2007 年，冷水沟村老人协会先后举办了三届迎新春书画联展，参加者上至 80 岁的老人，下到幼儿园的孩子，为村内的文化传承发挥了重要作用。

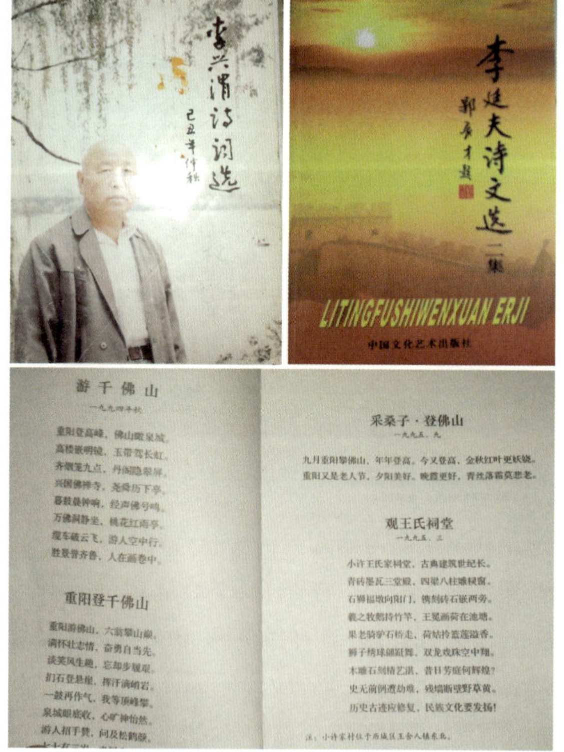

游千佛山
一九九四年秋
重阳登高峰，佛山瞰泉城。
高楼嵌明镜，玉带驾长虹。
齐烟笼九点，丹阁隐翠屏。
兴国佛禅寺，尧舜历下亭。
暮鼓晨钟响，经声佛号鸣。
万佛洞静坐，桃花红雨亭。
缆车破云飞，游人空中行。
胜景誉齐鲁，人在画卷中。

重阳登千佛山
重阳游佛山，六翁攀山巅。
满怀壮志情，奋勇自当先。
谈笑风生趣，忘却步履艰。
扪石登悬崖，挥汗滴峭岩。
一鼓再作气，我等顶峰攀。
泉城眼底收，心旷神怡然。
游人招手赞，问及松鹤颜。

采桑子·登佛山
一九九五.九
九月重阳攀佛山，年年登高。今又登高，金秋红叶更妖娆。
重阳又是老人节，夕阳美好。晚霞更好，青丝落霜莫悲老。

观王氏祠堂
一九九五.三
小许王氏家祠堂，古典建筑世纪长。
青砖墨瓦三堂殿，四梁八柱雕楔窗。
石狮福墩向阳门，镌刻砖石嵌两旁。
羲之牧鹅持竹竿，王冕画荷在池塘。
果老骑驴石桥走，荷姑拎篮莲溢香。
狮子绣球翩跹舞，双龙戏珠空中翔。
木雕石刻精艺湛，昔日芳庭何辉煌？
史无前例遭劫难，残墙断壁野草黄。
历史古迹应修复，民族文化要发扬！
注：小许家村位于历城区王舍人镇东北。

《李兴渭诗词选》与《李廷夫诗文选》书影(笔者摄于 2015 年 11 月 15 日)

除上述老年协会外，村内还有与老年协会在人员上有很大重合的组织——华年联谊会。该会成立于 2007 年，会长是李兴禹。该会主要成员是济南师范学校毕业的本村校友，现有成员约 25 人，主要是以挖掘冷水村的文化特色、传承本村的文化为宗旨。联谊会成立后,成员们搜集、整理资料,撰写了《冷水沟村教育发展概况》一书,同时以部分会员的诗词为素材,编辑了《华年诗词选编》等。其后,又撰写了《冷水沟村文化体育发展资料》一书,为了解该村的教育发展留下了重要的参考性资料。此外,联谊会受村两委会的委托,有 5 位会员参与了《冷水沟村志》的编写工作。①

① 参见冷水沟村志编纂委员会编:《冷水沟村志》,第 103 页。

第五章
村民的生产与生活

一、土地改革前的地主与佃户

20世前半期，冷水沟村土地较多的农户，会把土地租种给没有土地的农户，这样就形成了一种租种关系。在村里，土地所有者称为“地主”，租种者为“租地户”，租种的土地为“租地”，地租称为“租粮”“租米”或“租麦”。租种土地的时间一般是为3～5年，最长不超过5年。土地租种期间，双方要签订“租单”，这种租单一般由租地户方负责拟写，写好后交给地主。在地主与租地户签约时，需要有中间人，偶尔也有地主与租地户直接交涉的情况。另外，在租单中一定要明确记入中间人。

签约的过程。在签约前，一般情况下先由中间人与租地户去查看要租种的土地，对土地进行丈量，确认四邻。租种土地的种类有麦地、高粱地和水田。麦地和高粱地的区别是土质的优劣，上等的土地种小麦，下等的土地种高粱。水田最上等的称为“大水地”，稻米产量最高。通常，一亩大水田能收6斗米，要交租粮5斗；普通的水田能收5斗米，要交租粮4斗；下等的水田能收3斗米，要交租粮2斗。一亩高粱能收5斗，租粮要交2.5斗。一亩麦地大约能收7斗，租粮要交2～4斗。斗又分大斗和小斗，3大斗相当于7小斗，小斗约17.5公斤，大斗约34公斤。

土地买卖与租地户。在五年的土地租种契约期间，如果地主在第二年的时候转卖了土地，租地户要与新地主重新签订剩下的三年契约，要缴纳的租粮也要重新商定决议。在转让土地的时候，如果土地上还有租地户耕种的作物，这时必须与租地户共同商定作物的价格。假如土地按100元左右计算，作物20元，卖得总价120元中，地主要把作物的20元交给租地户。像这样，地主在租种期间将土地转卖时，租地单要交还给租地户。土地交易时，土地是否出租和租地户耕作作物的有无要明确与买主进行说明。租地户如果征得新地主的同意，可以继续签订土地租种关系的契约。

租地户与租地户之间的转让称“转小作”。在一般情况下，租地户不能把租种的土地转租给其他租地户。只有得到地主的允许，才可以把土地转让给其他租地户租种。如果租地户擅自转让自己租种的土地，那么地主会取消租单。在满铁调查资料中，载有租单的书写模式：

> 立租单人〇〇〇今租到
>
> 〇〇〇名下某地若干，言明每年租粮〇斗，耕种期限以〇年为度。〇年以内，只许客辞主，不许主辞客。上租粮日期以十月为度，到期不上，保人完全负责。此系两家情愿，各不反悔，空口无凭，立租单为证。
>
> 保人　〇〇〇
>
> 〇〇年〇月〇日　立[①]

转租的情况如下：

> 立租单人〇〇〇前所租〇〇〇某地若干，今转租〇〇〇名下〇〇〇。[②]

一般来说，地主与租地户之间除土地租种关系及按期缴纳租粮以外，相互间并没有过多的往来。在春节等节日期间，租地户可以给地主拜年问好，也可以不去。地主家遇盖房或修房等大事时，租地户可以去帮工，也可以不去，完全凭自愿；同样，如果租地户遇娶妻结婚等大事，也不需与地主商定、招待。不过，因为地主与租地户之间有租种关系，所以如果租地户去地主家，地主招待租地户要比普通人来访热情一些，反之也是同样。租地户称地主为“老爷”，地主则直接称呼租地户的名字。在租地户遇到困难时，地主也

① 中国农村惯行调查刊行会编：《中国农村惯行调查》第4卷，第155页。

② 中国农村惯行调查刊行会编：《中国农村惯行调查》第4卷，第155页。

有帮助租地户的情况。

村内的租地户。在冷水沟村，有 20 多户租地户。在这 20 多户中，除 2～3户完全没有土地外，其他租地户各自都有一点土地，但土地都没有租种的土地面积大。租地户在租种土地时所需肥料、农具等都由自己来解决和承担。如果遇到收成不好或自然灾害时，地主会免除当年需要交纳的租粮。

赋税与租粮。地主把土地租借给租地户，赋税由自己承担。每亩地一年要 9 毛钱，每年分三次交纳，前两期要比第三期交得多一些。除了赋税以外，每亩地地主还要向村公所交纳 2 元。租地户每年向地主交纳租粮时，出于某些原因迟纳或不能按期交纳，如果得到地主的同意，可以与第二年的租粮一同交纳。在这种情况下，村里的人通常都不会借给租地户粮食。租粮的交纳日期通常会明确记在租单上。租单在每年的正月或二月签约，如果地主与租地户是同一宗族的话，口头协议即可，不需要写租单。

二、土地买卖、赋税、钱会

(一)土地买卖

20 世纪前半期，在冷水沟村进行土地交易时，卖主与买主通常是通过中间人来协议完成的。中间人可使双方在买卖价格和条件上能够顺利达成一致，并且在交易后具有证人的作用，在发生纷争时可在二者之间进行调节。中间人一般是卖方比较亲近和信用较好的人，或是同一宗族的人。当时，在冷水沟村，有八位公认的人可以作为土地买卖的中间人。卖主在委托中间人出售土地时，首先要向中间人提供草契。草契的具体形式如下：

> 立草契人○○○因手中缺乏，今将所有地二段共计五亩七分三厘，四至各有边界，今凭中说妥情愿卖与○○○名下为业，每亩纸洋五百元，地内粮草照数过拔。空口无凭，立草契为证。
>
> 年　月　日
>
> 中人　某某①

① 中国农村惯行调查刊行会编:《中国农村惯行调查》第 4 卷，第 191 页。

草契由卖主准备，草契上的“每亩纸洋五百元”是卖主期待的价格，以此来跟买主进行交涉。当卖主与买主的交易意向达成一致时，双方就可以签订实卖契。实卖契签订后，买主就必须购买该地。实卖契的形式具体如下：

实卖契

立实卖契人○○○因经济不便，今将所有地三段共计五亩七分三厘，四至各有边界，凭中说妥情愿卖出与○○○名下永远为业，言明地价四百五十元，地内粮草照数过拔。此系两家情愿，各不反悔，空口无凭，立实卖契为证。

债价五元整
年　月　日
中见人　○○○①

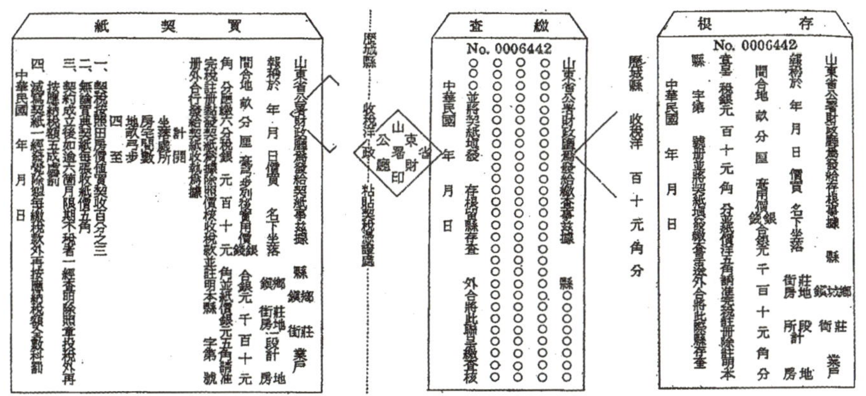

買契紙

山東省公署財政廳為發給契紙事茲據　縣　鎮鄉　街莊　業戶

一、契稅按照田房價值買契收百分之三

二、無論買典契紙每張收紙價五角

三、契約成立後如逾六個月限期不投稅者一經查明除照章投稅外再按應納稅額五成處罰

四、減寫契紙一經發覺除照每繳稅款外再按應納稅額全數科罰

中華民國　年　月　日

查驗

No. 0006442

山東省公署財政廳為發給驗查事茲據　縣

中華民國　年　月　日

歷城縣　收稅洋　粘貼契稅處

山東省公署財政廳印

存根

No. 0006442

山東省公署財政廳為發給存根事據　縣

中華民國　年　月　日

歷城縣　收稅洋　百　十　元　角　分

土地买卖契约(图片采自《中国农村惯行调查》第4卷)

这里的债价只是指土地买卖的成约定金。定金的多少，没有固定的数额，买卖双方协议决定，通常这个数额都会明记在实卖契书上。卖主接受了买主的定金后，卖主准备好实卖契，卖主要宴请中间人。如果不宴请的话，就把定金作为酬谢给中间人。

实卖契签约后，便是土地的丈量。在冷水沟村，有5～6人可胜任丈量

① 中国农村惯行调查刊行会编：《中国农村惯行调查》第4卷，第191～192页。

土地这一工作。丈量时需要卖主、买主、中间人、丈量人和交易土地的四邻在场。四邻不在场的话，就不能进行丈量。这是为了避免土地交易后，与四邻发生纷争。在土地的四方立石为界，双方签订土地买卖契约书，即“卖契”。一般卖契的形式如下所示：

卖契

立卖契人任自天因经济不便（因耕种不便），今将自己家北东西地一段大亩二亩五分五厘三毛四丝六忽，四至可列于后，凭中说妥，情愿出卖与〇〇〇名下，言名每亩纸洋二百五拾元，其洋同中当交不缺，地内粮草照数过拨。此系两家情愿，各不反悔，恐后无凭，立契存证。

中见人　〇〇〇　〇〇〇

丈量人　〇〇〇　〇〇〇

代字人　〇〇〇

一九四〇年十月廿三日　立契前名

丈量内容

南长可一百五十步

北长可　〇〇〇〇　南至王愭三

东横可　〇〇〇〇　西至　〇〇〇

四至

中横可　〇〇〇〇　北至　〇〇〇

西横可　〇〇〇〇　东至　〇〇〇[1]

上述契约书中有大亩、亩、分、厘、毛、丝、忽的表述，大亩1亩约是600步，小亩2.5亩是大亩1亩。小亩也称“官亩”。一步等于十分、一百厘、一千毛、一万丝、十万忽[2]。以上三个过程是20世纪前半期村内在土地交易时所采取的具体形式。土地对农民来说是至关重要的家产，土地买卖交易时的程序也相对复杂烦琐。

① 中国农村惯行调查刊行会编：《中国农村惯行调查》第4卷，第192～193页。

② “步”“丝”“忽”是过去的丈量单位，十忽为一丝，十丝为一毛。

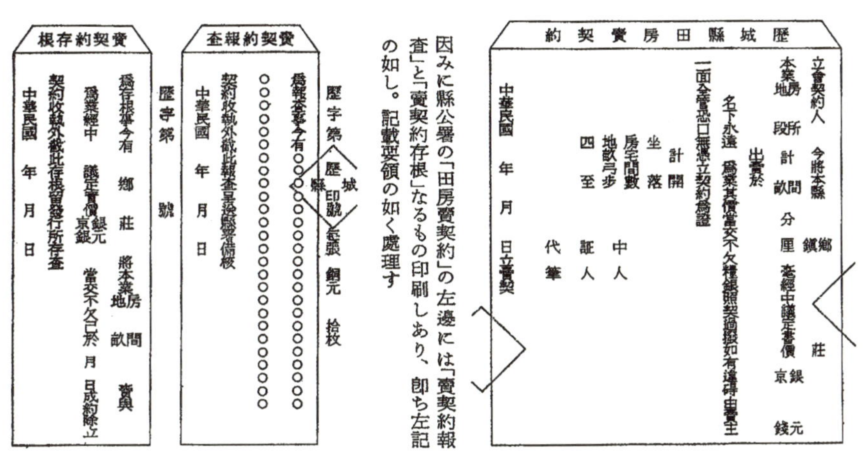

歷城縣田房賣契約

立賣契約人　今將本縣　鄉鎮　莊
本業房地所計　間畝　分　厘　毫經中議定賣價京銀　元錢
出賣於
名下永遠爲業其價當交不欠糧銀照契過撥如有違碍由賣主
一面全管恐口無憑立契約爲證
計開
坐落
房宅間數
地畝弓步
四至
中人
証人
代筆
中華民國　年　月　日立賣契

因みに縣公署の「田房賣契約」の左邊には「賣契約報查」と「賣契約存根」なるもの印刷しあり、卽ち左記の如し。記載要領の如く處理す

賣契約報查

歷字第……張　銅元　拾枚
歷城縣印號
爲報查事今有○○○○○○○○○○○○○○○○○○○○○○○○○○
○○○○○○○○○○○○○○○○○○○○○○○○○○○○○○○○○○○
契約收執外截此報查呈送縣署備核
中華民國　年　月　日

歷字第　號

賣契約存根

爲存根事今有　鄉　莊　將本業房地　間畝　賣與
爲業經中　議定賣價銀元京銀　當交不欠已於　月　日成約除立
契約收執外截此存根留發行所存查
中華民國　年　月　日

卖田房契约（资料采自《中国农村惯行调查》第 4 卷）

（二）赋税

村庄一般有田赋、契税、牙税、屠宰税、牲畜税等。

田赋按土地的等级来收税。冷水沟村的土地分为五个等级：(1)金粮地，在张马湖一带，官亩 1 亩约 240 步；(2)银粮地，即普通的平地，以 280 步为 1 亩；(3)铜粮地，山地，以 360 步为 1 亩；(4)锡粮地，山地，以 600 步为 1 亩；(5)铁粮地，山地，以 720 步为 1 亩。在上述几种土地中，即使是灾年，银粮地的纳税也不会全部免除，铜粮地以下的土地都会免除。[①] 田赋有正税和附税，每亩各征缴 4 元，每 13.714 亩征缴 1 两银子，1 两银子可换算为 4 元。田赋分三期征收，第一期是三月至四月初，第二期是八至九月，第三期是十一月十五至年末。第一期和第二期征收地丁和钱粮，第三期征收俸米。俸米是每 13.6 亩征收 2 斗，即 2.16 元。

契税是指在土地买卖时要向县公署缴纳的税种。但村里即使有土地交易也很少有人缴纳契税。一般买契缴纳 6 分税，典契缴纳 3 分税。

村里没有牙税，但在赶集进行粮食交易时要交纳牙税。在集上卖肉的话要交纳屠宰税，一头猪的屠宰税是 2 角，牛一头 1 元，羊一头 2 角。牲畜税是在买卖交易牲畜时纳的税，骡、马、牛一头要缴纳 1 元，驴 3 角。

① 在满铁调查资料中，未对金粮地遇灾年如何纳税进行说明。

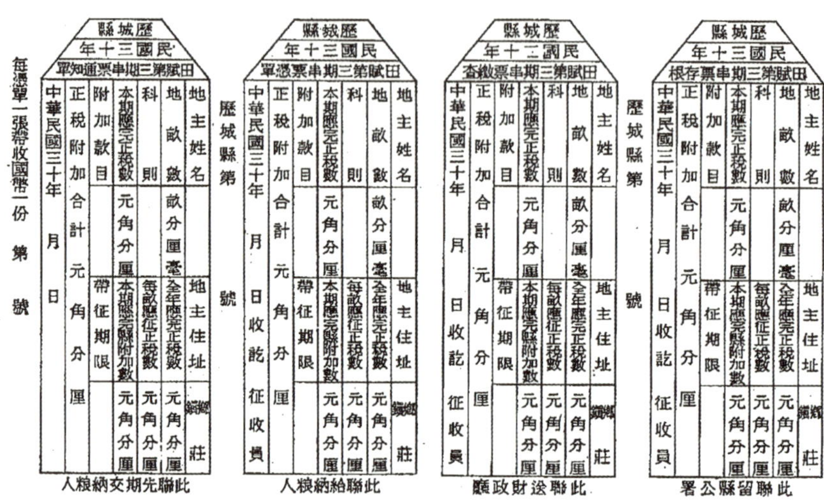

赋通知单(资料采自《中国农村惯行调查》第4卷)

(三)钱会

1928年"五三惨案"发生前,村民需要现金时,如果所需金额相对较少的话,10吊或20吊钱可向村中有钱人借。婚丧等场合需要较多现金时,则需要求人从济南的钱铺借,每10吊钱一天的利息是150文。"五三惨案"以后,钱铺被银行取代。如果没有铺子担保,银行不给借贷,而且从银行借钱至少要借贷1000~2000元。因此,"五三惨案"以后,冷水沟村的村民在需要现金的时候,只能是村民之间相互借贷。好在村民的日常生活中并没有大额度现金的花费,即使是结婚,30元左右即可完婚。

村民需要现金时,首先是卖自己的粮食;如果没有粮食,就从其他村民手中借款。其次,抵押或变卖土地、牲畜。村民在借钱的时候,首先向本家(宗族)借,其次向朋友借,一般不向亲属借钱。如果向同族的人借钱,若1个月以内还钱,通常不用给利息;超过1个月,即使对方不提,借钱者也要准备好利息,对方不要可以拿回来,这种情况不需要担保。向同族或朋友借钱,通常10天或15天左右返还。如果超过1个月,需要商议决定。

另外,村民之间还有一种借钱方式,即"取钱"。取钱需要付利息,有担保人,借款期限通常是5个月。如果5个月不能全部还清,则先把利息交给对方,还款期再延长5个月。进行取钱交易的时候,用土地担保的比较多。如果金额较小并且有信用的话,也可不用土地进行担保。不用土地,而是通过自己的信用来借钱的话,村内最多可以借50元。没有信用的人,一分也借不到。冷水沟村内的利息是2.5分,济南是3分以上。取钱时需要双方立字据,其具体形式如下:

立借字人〇〇〇(因手乏)今取到

〇〇〇大洋〇〇元,言明每月按三分利行息,以五个月为度,本到利止,利到本存。若至期本利不归,情愿将自己某地大亩多少任放钱人耕种(有红契文约可凭)。恐后无凭,立此借字为证。

保钱人 〇〇〇

代字人 〇〇〇

年 月 日 立[①]

三、解放与土改

1948年,济南解放。同年秋,冷水沟村也解放,解除了村里保长、甲长等人的职务。1949年初,冷水沟村成立了农民协会,李兴福担任农会主席,全村贫下中农都成为农会的组织成员。农会取代了传统时代的村落权力,贫农、雇农、中农成为村落权力的主要组成部分,村落的权力结构发生了完全逆转。农会的工作任务是在维护全村的治安保卫工作、巩固农村政权、解决村民间的矛盾纠纷的同时,更重要的是动员优秀青年积极参军和支援前线,宣传党的土地法,为土地改革做准备。[②]

1950年,李文才担任冷水沟村农会主任,任延庆、谢殿臣担任副主任,全村划分12个贫农小组。农会向村民宣传土地改革政策,划定阶级成分。1950年,个人的土地所得仍可以到市场自由买卖。同年秋,村内开始了土地改革运动。1951年,工作队来冷水沟村,对村内的土地情况进行了彻底排查后,给村民发放了土地证。对于当时的情况,冷水沟村志有如下记载:

① 中国农村惯行调查刊行会编:《中国农村惯行调查》第4卷,第243页。
② 参见冷水沟村志编纂委员会编:《冷水沟村志》,第59页。

1951年，冷水沟村响应上级号召开展镇压反革命运动，为了保卫新政权，积极宣传并动员群众自觉地起来检举和揭发反革命分子，遵循“首恶者必办，胁从者不问，立功者受奖”的原则，集中打击恶霸、特务、反动党团骨干分子及反动道会门头子等反革命分子。经群众检举和揭发，对破坏土地改革和革命运动的首恶分子先后惩处5人，对国民党员、三青团员实行登记，给予他们改过自新的机会。[①]

冷水沟村的土地改革从开始宣传到结束，大约用了1年的时间。当时，冷水村是土地改革运动的模范村，上级部门派遣了一个由数十人组成的工作队进村指导，外村来了很多学习和观摩的团体。当时，《大众日报》报道了冷水沟村的土地改革状况。[②]

在冷水沟村土地改革的初期阶段，主要是学习中央发布的关于土地改革的纲要，举行农民座谈会。在座谈会上，农会的土地改革指导者向贫农宣传了被剥削和压榨的事实，让贫农等理解土地的再分配，使农民逐渐理解土地改革的意义，积极地参与到土地改革运动之中。土地改革时，村内人口不足400户，土地约有6000亩。土地改革时，村内划分了地主33户、富农13户、中农80户，其余的为贫农。村内的最大地主是任延明，其次是杨子久。这些成分划分的标准是按照人均土地的所有亩数计算而得出的，平均是每人2.08亩。按照这样的标准，根据每户的人口来计算，2.08亩以下为贫农，比2.08亩稍多的为中农，2.6亩的为富农，2.6亩以上的为地主。土地的所有面积是成分划分的主要判断条件。此外，长工的有无也被作为划分阶级成分的一个重要的标准，所以村内雇佣了长工的家庭也被划定为地主成分。据满铁调查资料，土地改革前，雇1名长工的家庭有王为善、王唤章、李凤桐、李永茂、李兴仁、张延梓、李玉择、李长泌、谢景全，雇2名长工的有王修善。杨长禄家有3名长工，但没有被划分为地主，大概是因为土地改革前，其家业已没落了，或者有其他原因，关于这一点尚不明确。[③]

土地的分配方式是：中农持有的土地不动，征收地主、富农及贫农的全部土地，计算每人应得平均值，按照平均值把土地均等分配，最后每人平均

① 冷水沟村志编纂委员会编：《冷水沟村志》，第53页。

② 参见［日］中生胜美：《中国村落的权力构造与社会变化》，第45页。

③ 参见［日］中生胜美：《中国村落的权力构造与社会变化》，第45～46页。

约 2 亩土地。这个数值乘每户人口数，就是分给各户的土地数。土地分为七个等级：一等地为 1 亩，二等地为 1.2 亩，三等地为 1.4 亩，四等地为 1.5 亩，五等地为 1.6 亩；此外，还有两个等级的土地。土地等级越差，收获量就越少，所以如果分到的土地的等级不好，就要从数量上进行平衡，达到大致相同。

四、合作社、人民公社

土地改革结束后，冷水沟村开始建立互助组。如前所述，初期的互助组仅限于贫农参加，中农以上不允许加入。互助组是贫农之间为了使农业生产达到收益最大化而结成的组织。加入和退出，由农户自己决定。这里对在初期形成的一个互助组作简单介绍，详见下表：

冷水沟土改后初期形成的互助组①

	姓名	劳动力（人）	牲畜
1	李兆德	2	无
2	李作德	1	有
3	李凤臣	2	有
4	李玉昆	1	有
5	李玉全	2	无
6	李长伦	2	无
7	高　牟	2	无

上表中的李兆德、李作德、李凤臣、李玉坤、李玉全五人是互助组的最初成员，李长伦和高牟是后期加入的成员。成为互助组的成员通常是相互间比较“合得来的家庭”，成员根据自己的实际情况自由参加和退出。例如，在互助组成立之后，李凤臣和李玉昆退出了互助组。退出的理由就是自家有牲畜，在互助组不如自己耕作更能节省劳力。从这一组的情况中可以看出，

① 此表引自[日]中生胜美：《中国村落的权力构造与社会变化》，第 52 页。

参加互助组的大致都是家庭内劳动力较少，或缺少生产工具，或没有牲畜的家庭，成员大多是邻居、亲属或同一家族。①

在互助组被组织化的初期阶段，全村共成立了12个互助组。至1953年末，上级部门下达了让中农、富农也加入互助组的指导命令，互助组增加至17个。在互助组的基础上，全村组成了8个农业生产初级合作社：新生社（社长为李占茂）、光明社（社长为李盛祥）、工农联盟社（社长为李兴俊）、和平社（社长为李元贵）、民生社（社长为为谢长汉）、旭东社（社长为李宗渭）、向阳社（社长为张兆德）、解放社（社长为王永贵）。② 全社实行统一的核算制度，社员根据按劳分配的原则取得劳动报酬，产品由社里统一支配。初级社部分地改变了私有制，是个体经济转变为社会主义集体经济的过渡形式。

1955年，冷水沟村开始向高级社过渡。高级社要比初级社规模更大，把土地、牲畜、大型农具等生产资料归集体所有，取消了土地报酬，实行按劳分配的原则。1956年，成立了“东方红高级合作社”，所有的大队编入到公社之下，这一阶段公社下设19个生产大队。从1956～1957年，兴修了大型水利设施，通过打井、挖渠等手段，完善了灌溉系统。1957年，冷水沟村与水坡村共同修建了水利发电站，大部分家庭通上了电。这一阶段，冷水村被选定为模范生产队，其先进事迹被山东人民广播电台制作成纪录片广为宣传。

1963年，冷水沟村开展了社会主义教育运动，贯彻《关于目前农村农作若干问题的决定（草案）》，主要内容是“四清”。冷水沟村的“四清”运动分为两个阶段，即1964年的“小四清”运动和1965年1～3月举行的“大四清”运动，对地主、富农、原国民党军人等“黑五类”进行了清算。1966年开展了“破四旧”运动，即旧思想、旧文化、旧风俗、旧习惯。在“破四旧”过程中，一般村民的墓地、宗族的坟地以及富裕家庭留下的墓地都被夷为平地。这样“平坟”的目的，一方面是为了扩大耕地的面积，另一方面是针对地主和富农阶级的斗争运动。1966年，在村北的一块苹果地附近建立了全村的公共墓地，村里的死者不再分宗族或家族，死后都埋葬在公共墓地。村里在“平坟”运动的同时，李家宗祠、玉皇庙以及各宗族流传下来的家谱、书籍等都成了破除“四旧”的对象。

1975年，全国掀起了“农业学大寨”的运动，冷水沟村大队组织各生产队

① 参见[日]中生胜美：《中国村落的权力构造与社会变化》，第52～53页。
② 参见冷水沟村志编纂委员会编：《冷水沟村志》，第53页。

队长到山西昔阳县大寨大队参观学习，并在此基础上制定了一系列农田水利基本建设施。

五、改革开放以后

1978 年 12 月，十一届三中全会召开，会议决定了中国开始实行对内改革、对外开放的政策。中国的改革先从农村开始，允许农民在国家统一计划指导下，因地制宜，保障农民的经营自主权，发挥他们的生产积极性。1980 年，中共中央下发了《关于进一步加强和完善农业生产责任制的几个问题》。1983 年初，农村家庭联产承包责任制在全国范围内开始得以全面推广。

在农村推行经济改革的同时，农村的组织结构也实行了改革。1982 年，废除了人民公社体制，在宪法中确立了村民委员会的法律地位，为村民自治提供了法律依据。村民居委会通常在 100～700 户的范围内，按照居民的居住状况和便于居民自治的原则设立一个居民委员会。居委会由主任、副主任和 5～9 名委员组成。冷水沟村在 1984 年 8 月成立了村民委员会，程克兴被选为第二届村民委员会主任，杨增福为副主任，委员有李光春、谢兆义和任宗海。村委会每三年举行一次换届选举，至 1999 年第六届为止，程克兴都被选为村委会主任，连任五届。

村内特殊党费交付情况(笔者摄于 2012 年 5 月 13 日)

村委会为了完成所承担的各项任务，需要相应的组织机构和人员协作、配合。冷水沟村现有的基层组织可大致分为：村党支部、村委会、共青团、妇代会、民兵连、老年协会等。

(一)村党支部

村党支部是农村的基层组织，是其他各种组织和各项工作的领导核心。改革开放以后，1983 年 8 月，冷水沟村党支部换届，任延亭任书记，胡友芳(女)任副书记，程克兴、李维河、谢景亮、张继汤任委员。1994 年，冷水村党支部扩建为党总支部，至 2007 年底，村里有党员 77 名，其中男性 68 人，女性 9 人。在文化结构上，大专以上学历 9 人，占党员总数的 11.69%；高中、中专学历 16 人，占 20.78%；初中学历 34 人，占 44.15%；小学以下文化程度 18 人，占 23.38%。在年龄结构上，18～25岁的党员1 人，占 1.3%；26～35 岁的党员 10 人，占 13%；36～45 岁的党员 4 人，占 5.19%；46～55 岁的党员 21 人，占 27.27%；56 岁以上的党员 41 人，占 53.24%。① 由以上的数据可以看出，2007 年以前冷水村的党员组成员的文化程度相对较低，年龄偏大。

此后，冷水沟党总支部的换届逐渐调整党组成员的构成。2011 年，冷水沟村党总支部换届，刘春财任总支部书记，李忠诚、李立德任党支部副书记，谢兆义、张元成、李忠诚任总支部委员。在这次改选中，五人中三人具有大专学历，最年轻的李立德年仅 33 岁。通过党组成员的调整，冷水沟村作为连接上层部门与农民之间的纽带关系，一方面把农民的意见、要求及困难反映到上层的党政机关，另一方面把党的路线、方针及政策贯彻到农民中去。

(二)村委会

村委会的主要职责是为本村的村民办理公共事务和公益事业，调解民间纠纷，协助维护社会治安，向人民政府反映村民的意见、要求和提出建议。

(三)妇女代表大会

1982 年，张兰英任妇联主任，全村普遍展开了以计划生育为中心的活

① 参见冷水沟村志编纂委员会编：《冷水沟村志》，第 45 页。

动。育龄妇女按政策规定,采取了节育避孕措施。1987年,张元秀任妇联主任,进一步完善了村计划生育管理制度,使全村的计划生育率达到100%。妇联还经常组织妇女们座谈、学习,进行爱国、爱社区、爱家园教育,开展“五好文明家庭”评选活动。

村内的活动场所(笔者摄于2017年7月17日)

改革开放以后,冷水沟村作为基层的农村社会组织,无论在行政上还是农村经济改革上,都发生了翻天覆地的变化。村民的生活水平与过去相比有了较大的提高。村民们遇到婚丧嫁娶、祝寿、乔迁或孩子生日等,大多改为到饭店宴请祝贺。以婚嫁为例,嫁妆档次逐步提高,先是由“叫声娘一身的确良”“叫声爹一辆自行车”,发展到“三转一提”(即手表、缝纫机、自行车、手提收音机),再到“三大件”(即电视机、电冰箱、洗衣机),后来到“三金”(即金戒指、金项链、金耳环),现在又加上商品楼、电脑、家庭轿车等。婚礼仪式也比较隆重,轿车迎亲,鸣放礼炮,酒店宴客,无不彰显着村民生活的富足。此外,村民都建起了新房,现代化的设施和城市化的生活已经进入到普通农民家庭中。在硬件上,冷水沟村对主要街道也进行了修整、绿化,修建了老年活动中心和健身广场。村民的生活比过去更加方便和丰富。不久的将来,村民也将由现今的居住地迁移至社区,村民的生活将会发生更大的变化。

第六章 村里的人 村里的事

一、李兴渭老人的生活史

李兴渭，男，1931 年生于济南市历城县王舍人镇冷水沟村，家里兄弟姊妹四人。父亲是私塾先生，受家庭环境的影响，他从小接受了较好的家庭教育和社会教育。在日伪统治时期，李兴渭完成了小学教育。1943 年进入本地的济南中学分校学习。中学毕业后，李兴渭离家去读高中，但因在初中没有学过英语等课程，学习比较吃力，再加上在外地读书花销较大，入学两个月后辍学回乡。1948 年考取历城师范学校。1950 年毕业后一直从事教育工作。

2015 年 11 月 15 日，在冷水村村委的介绍下，笔者一行[①]在冷水村村委会拜访了李兴渭老人。一方面，李兴渭老人作为乡村的文化精英，对村内的历史、文化、风土习俗等方面都较为熟知，为我们了解村庄提供了绝好的学习机会；另一方面，李兴渭老人经历了日伪统治时期、中华人民共和国建立后的土地改革、村庄的集体化时代、“文化大革命”、改革开放等一系列历史事件。李兴渭老人的个人生活史折射出乡土社会的发展进程。

① 2015 年 11 月 15 日，笔者带领山东大学历史文化学院的本科学生来冷水沟村进行田野调查实践。当时，村委会为我们介绍了对村内历史较为熟悉的老人，李兴渭老人便是其中的一位。

李兴渭老人(左一)讲述自己的生活史(笔者摄于 2015 年 11 月 15 日)

(一)学生时代

李兴渭老人出生在一个比较富裕的小农家庭，家里曾有 10 多亩地，喂了 2 头牛。受家庭教育的影响，李兴渭老人从小习字，学习文化知识，这对他日后的生活、工作有极大的帮助。关于父亲的言传身教和家庭对其自身的影响，李兴渭老人讲述如下：

> 我父亲的毛笔字写得挺好，常给人家结婚的写对联。我看他写，自己也跟着学。

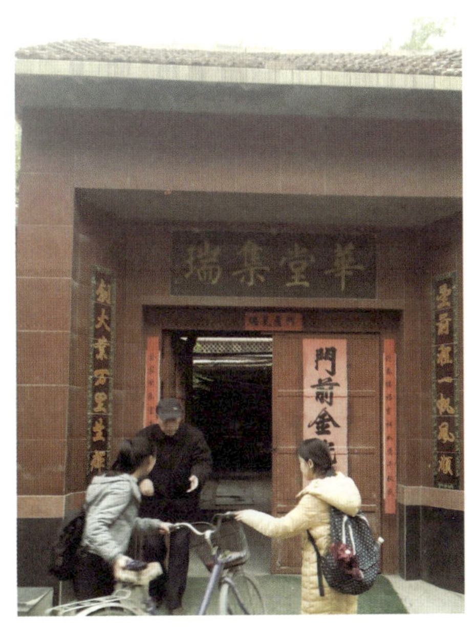

到李兴渭老人家拜访
(笔者摄于 2015 年 11 月 15 日)

1938 年，李兴渭入冷水沟小学就读。冷水沟村小学创立于 1913 年，创立时为初级小学。1926 年改为初、高两级，名为“历城县第三区洛张乡县立第二小学”。1929 年又增设了初级班，名为“历城县第

二区区立冷水沟小学”。此后，因办学经费短缺，1938年改为“历城县立冷水沟小学”。日伪统治时期，冷水沟小学分为初级班和高级班。初级班学制4年，高级班学制6年，都是每个年级设置1个班。在教学上，高级班使用单式教学法，初级班使用复式教学法。每天早上上课前要进行集体训话。监护员（兼任教员）随时对个别学生的错误进行纠正和劝导，有时也进行家访。此外，日本语由在济南宣抚班毕业的罗姓老师来担任。上午上课的时间是6～9点，结束后学生各自回家吃午饭；下午的课程是12～17点；晚上18～20点是复习算盘的时间。寒暑假改为麦收和秋收时放假。[①]

关于冷水沟小学，李兴渭回忆如下：

> 人家都说冷水沟文化人多，我们这里原来有一所小学，而且这所小学很正规，是完小小学，日本人占领这里的时候是所模范小学。

1943年春，冷水沟小学谢星海校长、程祥绂老师与村内有识之士李佩衡、李德符、李次周、李长亭成立了学校董事会，卖了庙地，集资兴建了20多间校舍和1个大操场。翌年成立了“冷水沟小学附设农业补习班”，招收了40余名学生开学授课。冷水沟小学附设农业补习班又称为“济南中学分校”。济南中学分校并不是济南中学的分校区。时任校长曲春芳是山东黄县人，早年曾在日本早稻田大学留学，1914年参加孙中山先生领导的同盟会；1944年下半年，曲春芳到安徽阜阳找到流亡于此地的山东省政府教育厅为补习班备案，注册为“济南中学”。[②] 关于济南中学分校校名的由来，李兴渭老人讲述如下：

> 当时山东省政府不在济南，而是在安徽，曲春芳当校长的时候去了一趟，在那备了一个案，注册的名字是“济南中学”。日本投降以后，城里与之同名的济南中学，就改称“济南中学分校”。

李兴渭老人初中毕业后，离家去济南继续求学，但是因为初中基础没打好，跟不上课程，再加上在外读书家庭负担较大，所以高中仅读了两个月便辍学回家。关于这段经历，李兴渭老人这样回忆：

> 我初中毕业之后，准备继续求学……那是中华人民共和国建立之前，去哪上学呢？好学校进不去，孬学校花钱太多，可是不管怎么样都

① 参见中国农村惯行调查刊行会编：《中国农村惯行调查》第4卷，第15～16页。
② 参见冷水沟村志编纂委员会编：《冷水沟村志》，第110页。

得上学呀，最后就上了正之中学。说实话，在家里上初中时学的不多，到了那里跟不上趟，上英语课跟听天书似的，而且还得花钱。上了两个月之后，家里说别上了，回来吧。

1948年正值历城师范学校成立并招收学生，从济南高中辍学回乡的李兴渭老人又考入了历城师范学校。选择在师范学校继续学习，一则不会给家里造成过重的负担，二则毕业后的出路也相对稳定。对农村出生的孩子来说，报考师范院校是离开农村、改变命运的一条较好的途径。关于当时的情况，李兴渭老人讲述如下：

农村学生上别的学校得花钱，上师范则一分钱不用花，而且还有吃的、喝的，毕业后还管分配。农村好多人都是因为这个原因不考大学，而是去考中专。上个师范，还管分配工作，出来就是干部。那时候条件很艰苦，能出去混碗饭吃就很好了。

1950年，李兴渭老人从师范学校毕业，被分配到泰安地区的一所小学。自此，他开始了教师生涯，直到退休。

（二）童年记忆

在李兴渭老人的童年记忆里，给他印象较深的是与伙伴一起赶离村数里的卧牛山庙会、参加村内祈雨等活动。李兴渭老人讲述过去的这段经历时，不时地流露出轻松和愉悦的神情，他似乎又回到了孩童时代。与此相对，日伪统治时期日军在村庄中的暴行，也给老人童年的记忆留下了阴霾。

1.庙会与祈雨

卧牛山位于冷水沟村的正东部，中间有小清河相隔。卧牛山，又称“九里山”，远远望去像一尊卧牛，因此得名。卧牛山历史悠久，曾经是古战场，相传韩信破历下时便驻兵于卧牛山。山上建有许多道观、寺院。早年有与道教相关的玉皇庙、文昌阁、娘娘庙，后又建造佛教寺院永平寺。自清朝开始，卧牛山庙会就颇具规模。每逢三月初三庙会时，附近的村民从四面八方涌来，进行各种商品交易，酬神献戏，热闹非凡。关于孩提时参加庙会的情境，李兴渭老人回忆如下：

在卧牛山的东麓，一进山就是一个大寺，供的是释迦牟尼。那时候小，也记不太清了，有很多烧香的、磕头的。那里还有一棵唐槐，老百姓

在上面挂了些红布头。这棵树现在还有，我去年还去看过。

从这棵唐槐树再向山上走，便没有了上山的路。赶会、酬神的人们都不辞辛劳，各自沿着别人踩出的小路继续上山。到了山上又是另一番风景，卧牛山的南部坐落着文昌阁、奶奶庙等庙宇。从文昌阁的上面，还可以俯瞰小清河。对于山上的庙会的场景，李兴渭老人讲述如下：

> 这些庙宇，里头有娘娘庙、阎王奶奶庙，供着泰山老奶奶，好多烧香的、磕头的。那时候庙后边就是娱乐的地方，扎台子唱大戏的、玩杂耍的、说相声的，应有尽有。卧牛山（庙会）是三月初三，清明节的时候不冷不热，一般老百姓或者是年纪大的拿着酒，炒个香椿，到山上找个石头坐着喝酒，挺热闹。这个娱乐场所以北，就是物资交易的地方，卖什么东西的都有，用现在的话说，就是物资交流会。

对于李兴渭老人来说，孩童时代没有现今如此丰富多彩的娱乐活动。赶庙会是一件非常高兴的事。每逢三月初三卧牛山庙会，学校也会停课放假，让学生自行去赶会。李兴渭老人通常约几个要好的同学，带上点零食或零钱，从中体会庙会给他们的生活带来的乐趣和愉悦。他回忆道：

> 和同学去，有钱的拿着点钱，没有钱的拿着块饼子或窝窝头，装在布袋里。山上有卖吃的，那里没有钱也不要紧。过去有个卖绿豆丸子的，扎个大棚，当中一个大锅，周围许多小板凳。带个窝窝头过去，弄上一碗丸子泡泡，喝汤又不要钱，喝完了再来一碗也行。人家有钱的就可以去个小饭店。不过，一般都搭着个棚子，没有很大的。卖饭的、卖酒的、卖菜的，什么都有，挺热闹。

庙会热闹的场景、免费的绿豆丸子汤是李兴渭老人童年生活中美好记忆的一部分。小学五年级的时候，老人写的关于庙会的作文还得到了老师的称赞。在李兴渭老人对孩童时代的怀念中，除了上述内容，过年也给老人留下了美好的回忆：

> 小时候喜欢过年。为什么呢？过年能穿新衣服，吃点好的，放鞭炮，看看灯，小孩当然就愿意了。像我们这样的，现在最怕过年过节了，过一次老一岁。

赶庙会、过春节是李兴渭老人愉快童年生活的一部分。

参与村落中的宗教活动，他感到仪式的神秘和神圣。如前文所述，冷水沟村盛产稻米，水资源富足与否直接影响稻米的产量和村民的收入。1941年大旱，黄河断水，水田没水，无法播种育苗。对于当时的情况，老人回忆说：

那年，黄河没水了，旱得很厉害，稻子栽不上，后来刨坑，往上撇水。到了农历六月初六，才栽稻子，水稻就像旱稻。我记得，那年我10岁左右。

稻米是冷水沟村的主要经济收入来源，相对而言，要比其他村落富足一些。稻作收成，对村民来说是头等的大事。在过去无法与自然灾害抗衡的条件下，农作物生产模式似乎与村庄的宗教仪式紧密结合在一起。这也是冷水沟村与其他村落不同的地方。关于这一点，李兴渭老人如下解释：

过去农村是小农经济，要靠老天爷吃饭。冷水沟村东边有东湖，西边有西湖，南边有南湖，我们村全是种稻田，是个富庄。……富就富在这个水田上，旱涝都收。那时候大米很值钱，我们常去济南卖大米。

因此，在水分不足的年头，祈雨对整个村庄来说变得尤为重要，是全村的一大盛事。如前文介绍的那样，祈雨期间，有着严格的约定和神圣的仪式。村内的女子都要回避，不能参加祈雨活动。村内的仪式主要在玉皇庙内完成，村外的仪式在白泉举行。李兴渭老人是现今村内为数不多的参加过祈雨仪式的经历者。关于当时祈雨的情景，李兴渭老人回忆如下：

那个时候，我10岁左右，祈雨时打小旗。祈雨得规定好时间，人员都得分工：有抬轿的，有祭祀的，有打旗的，有念佛的，有放炮的。到了祈雨的这天，把玉皇大帝像请出来，弄个轿子，轿子是用柳条编的。为什么呢？祈雨这一天谁都不能戴帽子，把柳条缠起来，做成柳条圈，戴在头上。……上哪祈雨呢？白泉。

到白泉后，祈雨队列在这里要磕头、念经、举行敬神仪式，然后进白泉抓鲫鱼。抓到鲫鱼者能得到半斗高粱的奖励。如李兴渭老人所说：

进泉抓鱼，摸着鲶鱼等鱼不算，得摸着鲫鱼才行。鲫鱼谐音“即雨”，意思是“马上就下雨了”。然后，在那儿烧纸钱，回来就设坛，摆上桌子、布，把鱼放在上头，念经的念经，磕头的磕头，得等下了雨才撤。我记着那回祈雨，我小啊，在外边玩，“哗——”，下开了大雨。庙前头有个湾，就把那个鱼放生了，这次祈雨就算结束了。

求得雨后，村民们抬着玉皇大帝的佛像到邻村去收钱粮，也就是给玉皇

大帝的神像更新衣，贴金箔，酬神谢礼。如李兴渭老人所说：

> 下雨了，你得给玉帝爷爷换换衣服，贴贴金啊！抬着，到处去收钱粮。我们这一带周围这几个村子，那户数还真不少。抬着到山上什么庙来，说那里供奉着玉帝爷爷的妹妹。把那个轿子抬上去，让他们俩拉拉呱，再抬着回来。又抬到王舍人，那里供奉着玉帝爷爷的哥哥，他兄弟俩也得说说话。

2. 日伪黑暗统治

与上述轻松愉快的庙会经历和乡村宗教的实践体验相对，李兴渭老人的童年时代还见证了日伪时期的血腥统治。虽然老人与日军的接触只是零碎、片段的记忆，但这些经历给当时还是一个孩子的他留下了难以忘却的伤害和恐惧：

> 我记得那年是1937年！我东邻居家着火了，那时候没有消防队，都是草屋，怎么办呢？就是把棉袄、被子泡了水，盖在火上，防止火星子落上。火灭了，第二天，被子得晒。一听说来了日本鬼子，我一个姑姑拉着我就上了坡。那时候都是高粱地，于是就跑到高粱地里去了。最后拉着我到了东边一个坟地，趴在坟旮旯里。就是那一天，来了几个日本鬼子，牵着洋狗。我们这里有一个厨师，我叫他爷爷，菜做得特别好，周围基本上都用他。他到庄边谷子地里趴着，被日本鬼子看着了。他就磕头，但日本鬼子不饶，打了他一枪，被抬回家后不久就死了。我记得还有一个厨师，我叫他叔叔，他没被打死，但是手被穿了个窟窿。这是一死一伤。

在李兴渭老人的记忆里，日军直接进入村庄的现象并不是很多。他们对于基层村庄的统治大致是通过维持会，设置保甲制度，以此来控制和管制村庄。

（三）成年的经历

1950年，李兴渭老人从济南师范毕业后，被分配到泰安地区一所小学工作。两年后又被抽调做教师进修工作，培训小学教师，给函授师范的学生授课。后来，又调入教育厅下属的省函授师范学校工作。1958年干部下放劳动锻炼，李兴渭老人被下放到桓台接受劳动锻炼。1959年，李兴渭老人进入

济南教育学院(时称“济南教师进修学院”)工作。关于这段工作经历,李兴渭老人回忆如下:

过去不叫“济南教育学院”,而是叫“济南教师进修学院”。这个学校现在没了。“文化大革命”期间,谁还去进修?没人去进修,就闲出来一部分老师。这部分老师光吃闲饭也不行啊!当时社会上初中生特别多,于是教师进修学院就招了10个班的中学生。

“文化大革命”结束以后,又恢复了教师进修学院,李兴渭作为班主任和他所在的班级被分到济南二中。李兴渭老人在济南二中工作了一段时间后,调转至铁厂中学。这次调转是因为考虑自己长年单身在外地工作,难以照顾家庭,又因家庭人口较多,负担较重,想让孩子接班顶替自己的工作。关于当时的情况,李兴渭老人讲述如下:

我家在农村,四个孩子过去都在家里。20世纪七八十年代不是兴顶替吗?我这个时候就从济南二中调到铁厂中学。因为铁厂中学那时候由事业单位成了企业,得调办才行。人家说,像你这样,家里有这么多孩子,又单身在外边,调得近一点吧;而且工厂里头还有福利,工作还轻快。我说,好吧。就这样来到这个铁厂中学,济南二中由我小儿子顶替了。

儿子接班以后,李兴渭老人并没有马上退休。当时,铁厂教育科为了培训工人,需要培训老师,希望李兴渭老人能在教育科继续工作。这样,李兴渭老人又在铁厂教育科工作了8年。1991年,60岁时退休。李兴渭老人从师范学校毕业至工作退休,在其40余年的生活经历中,土地改革、“大跃进”、集体化运动、“文化大革命”等一系列社会的发展、变革与动荡对老人的生活有很大的影响。

(四)晚年的生活

李兴渭老人退休后,回到了生他养他的故土冷水沟村,在这里安度他的晚年。老人的晚年生活充实丰富,享受天伦之乐的同时,喜欢到各地去旅游,还喜欢诗词,经常参与乡村各种公益活动。

1.退休后的兴趣爱好

访谈一开始,老人就给笔者们讲述了他的旅游经历。老人讲,他有一个

哥哥在长春，一个妹妹在新疆，这些都给他自己退休以后出去旅游创造了有利条件。李兴渭老人游历过许多名胜古迹和名山大川，几乎走遍了大半个中国。以下是我们的访谈记录：

问：您平时喜欢去旅游吗？

李：我喜欢旅游，每年出去逛逛，比如长春、吉林、北京、天津、秦皇岛……

问：都去过？

李：都去过。西安、新疆、上海、南京、无锡也都去过。……我还有个爱好，那就是喜欢收藏旅游门票。

李兴渭老人除了出去旅游，另外一个兴趣爱好就是用诗词记录生活的点点滴滴，装订整理成《李兴渭诗词选》，已经积累了8册。他说：

我喜欢旅游，出去转转，看到什么山，回来胡诌两句诗词，有七言的，也有五言的，已有200多首。俺写这些东西是给自己看的，纯粹是自我欣赏，不是让外人看的。想好一首就用毛笔把它抄下来，订成一册，我现在攒了8册了。

李兴渭老人退休后，一直秉承一种乐观、积极的人生态度，渴求能在质朴中充实自己的生活。他认为：

不能老想着什么时候死，现在活一天玩一天，乐在其中。咱也不图名，不图利；房不在大，能住就行；钱不在多，温饱就行。

2. 村落公益

在乡村里，像李兴渭老人这样，出于书香门第，从小受家庭的熏陶，长大后又接受过较完整的教育，一直从事教育工作的人并不多见。可谓是乡村中知识分子，他参与过修家谱、《冷水沟村志》的编撰和村内的一些公益事务。他说：

咱在村里也算得上是有文化的人了。婚丧嫁娶，写写弄弄的，人家就找咱。人家找，咱帮忙就是了。……这些年，光死者就送走了100多人。

关于修家谱之事，我们对李兴渭老人采访如下：

问：《李氏家谱》是新修的吗？

李：这个家谱……你听我说。前六年的大年初一，我上一个(本家的)爷爷家拜年去。他说："咱们的家谱还弄弄吗？你要再不弄就没人

弄了。”我说：“咱们还有老家谱吗？”他说：“有呀，当时没烧掉。”“文化大革命”不是“破四旧”吗？他偷出来一本，揣到衣服里了。我一看，上头都是我父亲写的，他写的小楷挺漂亮！

问：您父亲叫什么名字？

李：我父亲叫李长贵，他教私塾，字写得挺好。过去谁敢搞家谱呀，搞家谱是犯法的，后来就没事了。咱得续续，那个家谱我父亲直到1960年才写完，我搞的时候是五六年前，带着四五个侄子辈的后生一起做。我还写了个序，再沿用60年应该问题不大。

3. 老人与家族

李兴渭老人退休后，有了更多与孩子们相处的时间。虽然妻子与长子早逝是老人一生中最大的遗憾，但三个子女家庭和睦，工作安定，孝顺有加，又是对老人最大的安慰。子孙绕膝而转，也是老人如今最大的幸福。提起重孙，老人满脸笑容地给笔者们讲述如下：

我那个小重孙上二年级了，昨天在家做完作业后玩电脑。我说，别玩电脑了，出去玩玩。他说，不做作业了，玩玩。我说，上午想吃啥。他说，吃包子呀。我说，吃什么馅的。他说，吃肉包子。我接着就去买了。结果，一个不剩，全吃光了。才7岁，竟然都吃了！这就叫天伦之乐。

老人从事了一辈子教育工作，退休金也比较优厚。在养老的问题上，并没有给子女造成任何负担。老人在尽情享受夕阳红的美好时光。他说：

在农村里只要你有工资，就可以不给孩子添负担。不管哪个孩子照顾你，你没钱，我给你呀。不好混的是那些什么都没有的，这种人最困难，孩子也不是不孝顺。给孩子要个钱吧，孩子若有，给你；若没有呢？这样就容易出现矛盾。现在像我们这样的，只要你喘着一口气就有一天的工资，180元左右还不行吗？花不了，现在只要你肯劳动都饿不着，特别是年轻人，人家挣得比咱多。学个技术，什么不挣钱呀！家里也用不着咱这个钱，我主要是照顾照顾孩子。

二、王希孟老人的生活史

王希孟，男，1938年在济南市历城区冷水沟村出生。1944年进入冷水沟

小学。1951 年进入高小。1952 年秋小学毕业，是年升入初中，就读于济南五中，一年半后因家境贫寒，负担不起学费而辍学。1956 年结婚，妻子长其两岁。两年后，进入公社青年连当排长。1977 年进入公社劳务办公室当会计，直到 1997 年退休，退休后主要负责指导冷水沟村志的编写工作。

王希孟老人是长子，有一个妹妹、两个弟弟，度过了一段比较自由、愉快的童年时光。以下是根据与冷水沟有关的文献资料及研究者与王希孟的对话信息，整理出来的王希孟的个人生活史。

听王希孟老人讲述自己的生活史(笔者摄于 2015 年 11 月 15 日)

(一)自由的童年时光

王希孟老人是一位头发灰白、相貌清癯、身材颀长的老先生。访谈的当天下午，王希孟老人骑着老式自行车来到村委会，他一边让车子减速慢行，一边迈腿下车，动作轻盈矫健。他将车子安放在停车棚后，便径直向办公室走来。王希孟老人走路的时候，身子挺直，步子迈得大，而且步速很快。这位老先生身上有着一股不亚于年轻人的机灵劲，思维敏捷，反应也特别快，言语之间显示出很高的文化修养。

1944 年，王希孟老人进入冷水沟小学就读，高小的科目有数学、地理、自然、历史和国语(语文)。在小学期间，王希孟老人最喜欢的科目是语文和数学。王希孟老人的记忆力很好，认真听讲，但是有时做作业大意。老人讲述

王希孟老人向笔者介绍村内的过去与现在(笔者摄于 2012 年 5 月 13 日)

起这段经历的时候,欢愉之情溢于言表,既像是对小学时期的怀念,也像是对幼年时期自己聪明淘气的赞许。在谈到小学经历的时候,王希孟老人回忆如下:

> 在老师的印象里,我是个聪明的学生,就是有点调皮,也不是管不住,也不是爱打仗,就是爱自己玩。……我有一个特点就是上课的时候很注意听讲,上课不乱,雷打不动。不管发生什么,先听老师讲完了。我很愿意听讲,但是老师讲完以后就大意了,作业也不做。

除了在学校接受教育外,王希孟老人还在舅舅开的私塾里上了几个月的学。这个私塾位于小清河北,王希孟老人在这里学习了“四书五经”。此外,王希孟老人还自学了《楚辞》《战国策》《汉书》《左传》等经典书籍。

王希孟老人这些年来一直坚持阅读,中国古典名著、外国经典小说,甚至《狼图腾》这样的畅销书也都是王希孟老先生经常放在床头的书籍。

童年时期,王希孟老人常常往返于济南市的姥娘家,疲惫而又兴奋。在这种经历中,王希孟老人见证了 20 世纪四五十年代的济南城区面貌。现今济南城区的人民商场曾经也是一个很热闹的文化娱乐场所,王希孟老人可以在这里听说书、听相声,看人变戏法。由于卖书的多,王希孟老人还可以在这里租书看。为了买书,王希孟老人省吃俭用,用省下来的钱去购买自己

心爱的书籍。王希孟老人对自己买书的回忆是这样的：

我偷着买，基本上在困难的时候就买大米、买粗粮，因为麦子贵啊！然后买一些地瓜干之类的，还有棒子，好多吃两天。哪天看中一本书，就用省下来的钱偷着买。那时候在芙蓉街东边，有个古籍书店，那个地方可好了，书可多了，连老舍之类的学者都去。

良好的读书条件满足了王希孟老人的求知欲，家长对他的管束也很少，所以他的童年一直比较自由。王希孟老人原本有一个哥哥，大约在七八岁时因生病发烧没有得到及时救治而夭折。在王希孟老人1岁时，母亲身体不好。王希孟老人提起这件事情时，显得有点伤感：

我的母亲家是买卖人，家里有酒店，济南有家园。我小的时候跟着姥娘，那个时候她家里就有留声机。你想想，那个时候叫洋戏啊！母亲很聪明，能跟着留声机唱京剧，唱得很好。不过母亲嫁到俺家来以后，一辈子是挺压抑的。俺父亲呢，挺老实的一个人，而且貌不出众，再加上俺家又没法和姥娘家比，要是济南有什么新东西，她家里接着就有了，所以母亲觉得挺失落。在我1岁的时候，母亲有病了，就没法管我了。

自此，王希孟老人大多数时候就由爷爷奶奶养育。一两年后，母亲的健康状况渐渐好转。在王希孟老人9岁时，母亲生下一个女儿。对于这段童年经历，他这样描述：

从1岁以后，我一直跟着爷爷、奶奶。奶奶晚上搂着我睡，吃饭时喂我，她年纪也很大，所以说我很自由。……我小时候长得很可爱，小圆脸，挺白净。……自己愿意怎么着就怎么着，不过，洗澡不干，爬树不会，打仗也不行。

王希孟老人童年时也会帮家里干一点农活，但是常常由着自己的性子，说不干就不干了。他说：

我家那一片稻地将近2亩。农活其实也干点，一热了或干烦了，就说喝水去，趁着喝水的工夫走了。有时下地干活捞草，捞烦了一甩手就走了。

在王希孟老人的记忆中，小时候家庭条件不错，还算富裕，不缺吃不缺穿。家里一共有8亩地，中华人民共和国建立前会雇季节性的短工来帮忙种地。

王希孟老人的童年过得无拘无束，年幼养成的良好的学习习惯让他终生受益无穷。1949年，王希孟老人的弟弟出生。1952年秋天，王希孟老人小学毕业。同年，王希孟老人的第二个弟弟也出生了。

（二）在经典作品的熏陶中成长

王希孟老人爱看书，除了上述提到的阅读体验外，他尤其对中国传统的经典作品有着自己的理解。他坚持阅读、写作的习惯从童年时期保持到少年时期，并将之贯穿终身。对于阅读的体验，他谈得很多，也很深入：

> 从前看小说也多，看那些《济公传》《三国演义》《施公传》《七剑十三侠》，这个时候兴小说，都跟大人说好了，我也要看。……《三国演义》真是本好书，正着、倒着都能背。……再说《战国策》，半白半文，有些你能懂，但是有些又不懂，所以就是得慢慢地读。有次看到“风雅”二字，不知道什么意思，一查，原来这俩字是指“国风”和“大雅”“小雅”。就这样慢慢地越看越多，刚开始还浮在表面上，后来就越沉越深。……《战国策》讲究军事策略，《国语》讲究外交策略，重点不一样，所以你再看《尚书》或《左传》，就容易懂了。

王希孟老人上学时主要用毛笔写字，那时用铅笔的很少，一二年级用木头把石板框起来，在石板上写字，后来就用毛笔写字。写算术的时候习惯用铅笔，写日记的时候则用毛笔。王希孟老人写得一手好字，草书、行楷、隶书都会。因为写字方面的特长，他从四年级开始就跟着老师写帖事，写帖事也是他后来研究丧葬文化的肇始。

王希孟老人的阅读范围极广，数十年如一日地涉猎古今中外的经典作品，对中国传统文化也持有高度的认同：

> 中国的文化真是博大精深，不好好读书，你还真不知道。我现在就跟学生似的，一篇一篇地学，虽然经常忘，但是有些不知道的或者似是而非的东西通过一查阅就可以想起来。要想提高文化层次就得天天当学生，书不离手，看书不断。

这种像学生般勤恳、谦虚的学习态度，王希孟老人保持了70多年。当提到这几十年来最让他感到开心的事情是什么时，他的回答是买到一本好书，有书可看。

(三)初中肄业

1952年,王希孟老人参加初中联考,那时学生参加考试可以报考任何一所学校,要是报考的学校没有考上,还可以分配到其他学校。他报考的是济南二中,分数不佳,名落孙山,被分配到济南五中。济南五中是一所私立中学,费用较高,对老人的家庭来说是一笔较重的负担。因此,在姥娘和父亲的劝导下,他在经历了一年半的初中学习之后,放弃了学业。尽管没有完成初中的学业,但王希孟老人认为自己在那个时候打下了很好的文化基础:

> 1952年,实行联考,就是你考中学时报哪个学校都行,我报的是济南二中,就是趵突泉南边那个中学。结果成绩不好,落榜了。好在当时还有十几个中学可以调剂,后来我就被分到了济南五中。济南五中就是运署街青龙桥东北那个中学。因为那个私立中学费用高,后来就说不上就不上了。但是,在那个地方打了很好的文化基础,因为小学和中学的老师很敬业,只是学校老师从教字到传授知识再到行为都很古板。

对王希孟老人来说,这种教育方式虽然很古板,却很受用。初中肄业之后,王希孟老人就临近结婚了。他的结婚对象是9岁时定下的娃娃亲,妻子比王希孟老人大两岁。在当时的情况下,只有家庭条件比较好的人才能定娃娃亲。王希孟老人的岳父是教员,后来被划为地主。根据王希孟老人的说法,岳父家与王家定亲的原因是:

> 我家里挺富裕,人也挺老实,姑娘嫁到这里来不会受委屈。

后来土地改革,岳父家的地产没有了。王希孟老人9岁时与妻子定亲后一直就没有再见面,而第二次见面时就正式定下了亲事。那一年,他18岁。

(四)工作经历

1977年,王希孟老人进入公社劳务办公室当会计,这份工作他一直干到1997年退休。王希孟老人在农村工作了几十年,他对自己工作经历的讲述是这样的:

> 我在家干会计、小队长,其实也谈不上好干不好干,反正只要不犯经济错误、政治错误就可以。像我一辈子,没有这些错误,清清白白的。在

公社20多年，管人管钱，订合同，送劳务，经济上没有出现任何问题。

王希孟老人在岗位上勤恳认真，为农村工作奉献了许多年。而他内心的职业愿望，则是当一名小学老师，但是这个愿望一直没有达成。对于当时的情况，他这样回忆：

> 我很想当老师，但是一辈子没当过老师。那个时候我跟省委科局部的一个部长关系挺好。我说，我想上小学当老师。他说，你在这里干得这么好，上小学干什么？我说，教书。他说，教书不比这边好。后来，我闹脾气说，不愿在这里干了，要不回生产队。后来我还真不干了，那个活太累了，守着个电话管生产进度，开会，通知，做记录。天天如此，骑一辆自行车东跑西跑。

（五）结交知青

知青下乡期间，王希孟老人与部分知青有着比较密切的联系。当时从济南下来十七八个知青，冷水沟村人对待这些知青的态度是，就像对待孩子一样管着他们，知青们愿意干什么就干什么。王希孟与一位知青建立了比较密切的关系。那位知青叫张岸青，他请王希孟老人帮他辅导高考。后来，张岸青去了美国。去美国之前，他还嘱咐自己的妹妹给王希孟老人写一封信，表示感谢。关于当时的情况，他回忆如下：

> 有一个知青，叫张岸青。每当政治考试，他往往找我。他说，大爷，我要高考了，帮我做个题吧。
>
> 后来他上了美国，现在倒成名了。我快80岁了，他也得五六十岁了吧。张岸青的画画得很好，他临去美国时想上我这来，告个别，结果因为走得仓促没来成。后来，他嘱咐他妹妹替他给我写了一封信。这封信，我现在可能还有。

（六）改革开放以后的生活

改革开放以后，冷水沟人民的生活水平得到了很大的提高，以前吃不饱的日子一去不复返了。王希孟老人这样理解改革开放带来的社会变化：

> 改革开放以后，分了地，当年交的公粮很少。……从那个时候开始，全村就没有吃粗粮的了。

(七)退休后的生活

2009年前后,王希孟老人的妻子过世了,他现在跟自己的孩子们住在一起。回顾这些年的生活,用他自己的话来说就是“生活就是折腾得这么快”。退休后,他的生活重心就是指导村志的编写工作,有时间在家里编修家谱。他现在每天都去指导编写村志,有专车接送。王希孟老人认为自己年龄大了,不太愿意再干这份工作,但是他又觉得,既然这个活已经接下来了,那就得完成。他说:

> 写村志的根本在于占有资料,你得忠于资料,把资料利用好。另外,写村志的时候要同等对待每一个人,不要以个人情绪写东西。……写村志,得包含社会正能量,能公正地看问题。看了《礼记》之后,我写了一篇关于中国丧葬文化的文章,随身带着。如今一字多音或一字多义的现象很多。比如说“衰”,当表示古代用粗麻布制成的毛边丧服时,读“cuī”。不弄白的话,音会读错,意思也会弄错,在理解上自然也会出现问题。遇到帖事,你得看看对不对,因为这是给大家伙看的东西,所以说也不容易啊!

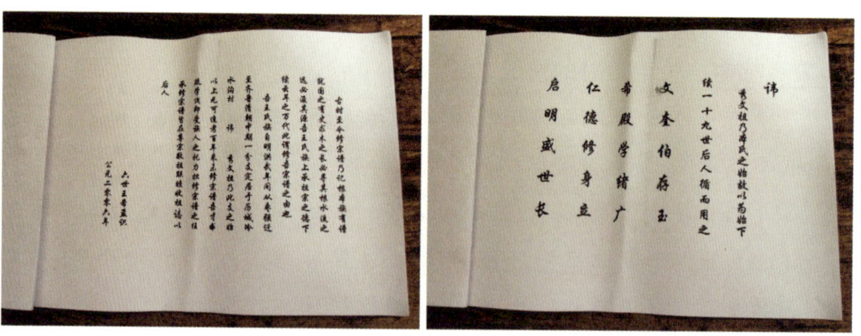

2006年重新修的家谱(局部)(笔者摄于2012年5月13日)

三、程克兴老人的生活史

程克兴,男,1942年在济南市历城区冷水沟村出生。1946年以前,程克兴老人一家的生活还算美满,家中有包括程克兴在内的两个孩子,程克兴老人长弟弟3岁。可是这种幸福的生活持续到程克兴老人4岁时就中断了。1946年，程父在济南铁路工作时染上了肺结核，不幸过世，程家失去了顶梁柱。在这种情况下，程克兴老人过继给无子的大爷，从此就由大爷和大娘抚养。1950年，程克兴老人进入小学学习，1957年考入初中，后来又顺利考取十八中，学习高中课程，但在高二时因事辍学。1962年，程克兴老人娶妻。婚后，和妻子一共育有4个女儿，还收养了一个养子。1966年程克兴老人参加工作，那时他担任生产队小队长。1975～1999年，程克兴老人担任生产队大队长，同时又担任村委会主任。1999年，程克兴老人当选村委会副主任，并在这个岗位上奋斗至2006年退休。

以下是根据与冷水沟有关的文献资料及研究者与程克兴老人的对话信息，整理出来的程克兴老人的个人生活史。

程克兴老人(右二)讲述自己的生活史(笔者摄于2015年11月15日)

（一）求学的经历

程家是一个普通的农村家庭，其父是一名农民，偶尔做一点石匠的活计。不幸的是，程父在工作中染上了肺结核，于1946年去世，留下程母和两个年幼的儿子。后来，因他的大爷和大娘膝下无子，程克兴老人就顺势过继给了大爷、大娘，成了他们的儿子。而程克兴老人的生母和弟弟，就与程克兴的爷爷、奶奶等一起生活。虽然程克兴老人由伯父一家养育，但实际上程

家各户的住所都相隔不远，大爷家与爷爷家就是前后邻居，所以程克兴老人仍旧可以时常见到生母和弟弟。

程克兴老人对儿时村里日本人的情况有一定的了解。据程克兴老人所说，当时到冷水沟村的日本人并不多，这是因为村里有人在历城县当大队长。在日本人来到冷水沟以后，为保障家乡安定，这个大队长很快就把他们调走了。日本人来到这里后杀了一个人，原因是当他们来到这里时，看到村里的人给他们磕头，日本没有这种风俗传统，无法理解村民们为何做磕头这种奇怪的举动，疑惑之下，便用刺刀杀害了一个北庄的冷水沟村人。

在程克兴老人小的时候，经常有说书先生来村里说书。农闲季节就来，在街口上说大八义小八义、杨家将之类的精彩故事，每次都在这里说上半个月，在临走时会向听书人收取粮食作为报酬。听说书是当时村里少有的娱乐活动，程克兴老人也常常去听。后来，抗美援朝回国的军队，在冷水沟村驻扎了一段时间，规模大概是一个营。那时候一个营部管着四个连，冷水沟村里驻扎两个连。隔壁村也驻两个连，官兵们每个星期在营部驻扎的地方放一次与抗美援朝有关的电影。驻扎的军队大多住在老百姓家的民房里，吃着国家分配的粮食，有他们自己的食堂，有时还帮助村民们干农活。

1946 年，土地改革开始。那时，冷水沟村的土地多，历城县的土改运动就是在冷水沟村拉开帷幕的。土改时，大爷家加上程克兴老人本人一共是三口人。按照当时冷水沟的政策，一家 8 分地、不够半亩的就是贫农，而大爷家被划为贫农。据程克兴老人说，土改时，省委的工作组就住在冷水沟村，工作组办公、开会的地点在南边的学校。对这段历史，程克兴老人这样讲述：

> 土地改革的时候，那个省委工作组就住在咱们这个村里。那时候，一些干部工作之余在南边学校那里扭秧歌，还编了首歌：“土地改革到了冷水沟，你有的吃，我有的穿……”

当时，冷水沟村也有一部分家庭被划为富农和地主，这类家庭的家具、器物等都会被没收，但是还是会给他们留下足够生活使用的土地。

1950 年，在奶奶的督促下，程克兴老人进入小学学习。当时由于庄大，在学校上学的孩子也多。在程克兴老人的记忆中，老师对待低年级的学生十分严厉，常常打骂学生，有时候还会用板子来教训学生。这种情况尤其常见于一年级学生，学生背不过课，写不对字，都会遭到老师的惩罚。在小学里，学生学习的主要科目是语文和数学。程克兴老人上一年级时，第一课学的就是“羊”，讲的是“大羊和小羊”，第三课讲的则是“大羊、小羊山上跑”。这令程克兴老人记忆犹新。

上小学时，程克兴老人放学回家后不需要干农活，那时家里的土地全由大爷一个人耕种，比较辛苦。而程克兴老人作为一个小孩子则十分轻松，基本上什么都不用干，放学后在家里玩耍的时间比较多。

1957 年，程克兴老人考上了初中。当时，冷水沟村有对“右派分子”进行批斗的情况，给“右派分子”戴高帽子，在他们面前挂牌子。程克兴老人甚至还参加过“战斗队”——当时冷水沟最大的组织。

三年后，程克兴老人报考高中，而那时初中升高中的报录比是 7∶1，竞争比较激烈。因此，当他报考高中时，校长还向他表示了不理解，校长对他说：“你还能考上了?”程克兴老人也认为自己比较笨，可是程克兴老人最终却以良好的成绩被十八中录取，顺利进入高中学习。在程克兴老人的记忆中，那时上高中的一般贫困户的孩子，国家会给学生发放助学金，最低的 3 元钱，最高的 6 元钱，这些助学金足够学生们在学校食堂吃饭。

读高中时，程克兴老人的家与学校的距离大约有六里地。那时，学校的宿舍很小，住不下太多学生，因而学校明文规定，家庭住址离学校六里地以内的学生不能住校。而程克兴老人的家与学校的距离正好卡在这 3 公里地的节点上，所以程克兴老人不能住校，他每天不得不跑上 3 公里地去上学，再跑上 3 公里地从学校回家。所幸的是，这种情况持续的时间不长，高中一年级时，程克兴老人就在苏家庄租了一间屋子住，那时同住的一共有 7 个人。

高二那年，一件事情终止了程克兴老人的学业。那时，程克兴老人的爷爷生病了，在市立三院住院，当时家里其他人没有空闲和精力去照顾爷爷，这个重担就落在了程克兴老人的肩上。他一直守了爷爷一个半月，等到他再回到学校时，发现功课已经跟不上了。因此，不得不辍学。

程克兴老人上高中时，正赶上三年自然灾害，那时候粮食短缺，他家里带的粮食也比平常少多了，常常吃不饱。对于这段经历，程克兴老人回忆如下：

> 我吃不饱饭的时候正是上学的时候。那时候，每隔三天回家拿点干粮。有的时候，是一个星期拿一次干粮。从家里拿了干粮，然后到学校食堂里馏馏。

灾害期间，那是冷水沟最艰苦的日子，家家户户都吃糠咽菜。程克兴老人也不例外，他吃过用一点面加一些糠，再掺上菜叶子的饭，也吃过树皮、野菜，还有红萝卜苗、白萝卜秧子。那段时间这类东西吃得实在是太多了，以至于后来他一闻到这股味儿就会产生几欲呕吐的生理反应。值得欣慰的是，当时冷水沟村并未发生饿死人的现象，但有吃"烩皮子"导致人死亡的事件。

那时候村里没有粮库，上交国家的粮食按地交纳，比如说一亩地交100斤，种了一亩地就要按照规定交100斤的粮食。

据程克兴老人回忆，统购统销时期的"票"，最开始时是布票，之后是粮票，三年自然灾害时又有了烟票。这些"票"大概是在1970年左右消失的。最少的时候，程克兴老人家一人一年只有一尺六的布，最多只能做双鞋子。至于家里孩子们的衣服，则是老大穿了老二穿，老二穿了老三穿，一个一个轮流穿下去，直到衣服实在不能穿为止。

(二)回归农田，服务农村

1961年，程克兴老人高中辍学之后就回到家里务农，像祖祖辈辈一样在田地里耕种。

1962年，程克兴老人成家，他的妻子来自南边的李家庄，两人是在别人的介绍下相识的，而两人的婚礼则由其奶奶一手操办，那时程家给岳父家的彩礼是10元钱。那年，程克兴老人正好20岁，而他的妻子也正好18岁。程克兴的妻子坐着花轿嫁到了冷水沟村，这个花轿由前来帮忙的邻居们抬着。在程克兴的婚礼上，家里雇请的四个唢呐匠吹得极热闹，吹唢呐是为了让别人知道你家正在娶媳妇。那个时候，冷水沟村没有专门的乐队，也没有唢呐匠，这几个唢呐匠还是程爷爷从别的庄请过来的。程家在婚礼上搭了个棚，宴请亲戚朋友，每张桌子上摆了8个盘。

程克兴老人的妻子出身于普通农户家庭，自幼由其婶娘抚养。妻子上了一年学，现在一个字也不认识。在那个年代，村里能上学的女孩子很多，但是能一直上下去的却很少，大多女孩子上完初小四年级就不再继续上了。自1962年两人结婚以来，两人已经相伴走过了50多年，现在依然互相照顾，很少让孩子们操心。

1966年是程克兴走上工作岗位的年份。他的第一份职务是生产队小队长，当年他所在的生产队共有50来户人家。1975年，程克兴老人又升任生产队大队长，同时兼任村委会主任，他在这两个职位上一直工作至1999年。1999年，程克兴被选为村委会副主任，并在这个岗位上一直奉献至2006年退休。程克兴老人的一生都是在农村度过的，他一生中的大部分光景，都在为农村服务。

1972年1月28日，对程克兴来说，是一个难忘的日子，因为这一天他成为了一名光荣的中国共产党党员。在程克兴的记忆中，那时党员候选人的推荐是分配制。程克兴的推荐人是谢长敬副书记和大队里一名抗美援朝的老党员，这两个人为程克兴老人写了介绍信。程克兴老人入党后深感责任重大，那时他负责试验田的科研工作，具体的工作内容就是配种子，如杂交高粱、配玉米种等。生产队里会专门辟出几块地，种植试验品种，而其他的地则按照原来的耕作方式进行种植。当时公社的农技站会派专家前来指导，培育新品种。直到1975年程克兴老人被指定担任大队长，才不再具体负责试验田事务。回忆起自己任村委会主任一职的经历，程克兴老人戏言自己那时像"总理"一样，村里大小事务都得管，并且只准干好，不准干差。在任期间，程克兴老人完成了一系列惠及本村的事业，诸如修路、建学校、引进老师等。

（三）社会变革与村庄变化

程克兴老人的一生经历了"大跃进""文化大革命"、知青下乡、改革开放等重大的历史事件。这些事件，对程克兴老人个人，乃至冷水沟村来说，都有着重要且深远的影响。

"大跃进"时期，程克兴老人正在求学，没有直接参与到活动中来。据程克兴老人讲述，那时公社也存在下指标、虚报粮食产量的情况。

"文化大革命"时期，程克兴老人任生产队小队长。在"文化大革命"快结束时，升任大队长及村委会主任。在程克兴老人的回忆中，"文化大革命"对冷水沟村的影响不大，学生依旧正常上学，农民依旧正常生产；也有一些人会受到批斗，批斗的对象主要是对政府、对共产主义有不满言论的人，批斗这些人的方式是拉他们游街，或者开会批评。在整个生产队，人们早上起

床，就站在街口唱《东方红》。

程克兴老人对毛泽东逝世一事印象颇深。据程克兴老人回忆，村委会开了毛主席追悼会。那天，下着大雨，还有好几千人赶到这里开会。人群中没有说话的，也没有戴帽子的，更没有穿雨披的，人人都淋着雨。当时村子里有好几个秃头，平时都不让别人给他摘帽子，那一天却全光着。程克兴老人这样讲述这件事：

> 开追悼会，就在村委会这个院里，这个院原来是小学。……哎呀，下大雨，有好几千人到这里来开会，没有一个说话的！毛主席的威望太高了……追悼会开始后，没有一个戴帽子的，都光着头，都淋着雨。追悼会完了，天也不下了，雨也停了。咱这有好几个秃头，平时你给他摘个帽子都不让，那一天全是光头，都不戴帽子。

程克兴老人十分敬重毛泽东。时至今日，程克兴老人还会常常跟孩子们讲毛主席的事迹，他的家里还存有毛主席语录和毛主席画像。

在程克兴老人的记忆中，知青在1975年开始下乡。那时，冷水沟村负责接待的是来自济南市无线电系统的知青，第一批来了60来个人。下乡知青被分配到村里19个生产队中，跟村民们一起下地干活，只有极个别表现出色的知青能担任村里比较轻松的职位，如计务员等。分配来的知青自己单独做饭，单独生活。原来的小学成了知青专门的居住地点。下乡知青与村民之间的联系相当松散。冷水沟村一共接待了三批知青，这三批知青最后都走了，没有一个人留在冷水沟村继续生活。直到现在，当年的知青中还有一些与冷水沟的人保持着联系。

在中华人民共和国的历史上，冷水沟村一直以来都是全国的模范，程克兴老人这样讲述冷水沟村的辉煌：

> 冷水沟，一直都是模范。……成立东方红高级社以后，又建立了东方红集体农庄(农业生产实现了集体化)。怎么来的？东方红集体农庄是跟苏联老大哥学的。苏联那时候弄高级社，咱们就成立了东方红高级社，再弄那个东方红高级农庄……成立高级社以后又建发电站，全国农村第一个发电站……再说，这里什么农作物都有。

改革开放以后，冷水沟村的面貌发生了更大的变化。1983年，家庭联产责任承包制正式在冷水沟村展开。自那时开始，麦子用机器播种，用机器收

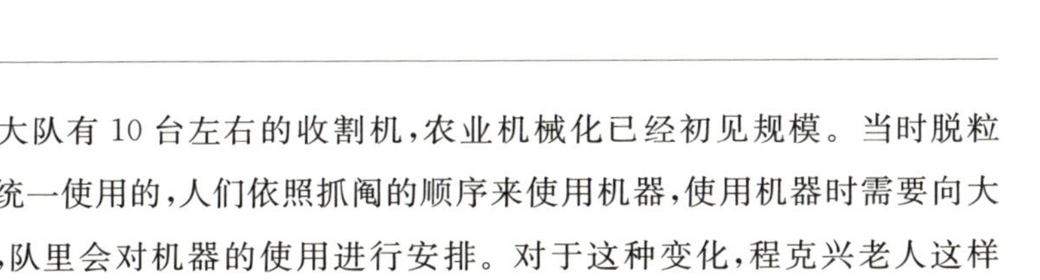

割。整个大队有10台左右的收割机，农业机械化已经初见规模。当时脱粒机是集体统一使用的，人们依照抓阄的顺序来使用机器，使用机器时需要向大队打报告，队里会对机器的使用进行安排。对于这种变化，程克兴老人这样描述：

> 脱粒机是用生产队固定财产买来的，打报告后才能用。打报告以后，在队里的场湾里统一使用脱粒机。先是分好组，生产队四个组，一组一台脱粒机。然后抓号，一号、二号、三号，从上往下排，按顺序使用脱粒机。

1983年大包干以后，程克兴老人才开始领取正规的工资，一个月45元钱。那时书记、主任、科技主管，一个月工资45元，再往下的职位则是40元、35元。当时程克兴老人家里一共有8亩地，实行大包干以后，粮食当年就翻番了。而这个时候，村里出去打工的人越来越多了，年轻人都出去打工了，家乡的土地就由老人、中年妇女和孩子来耕种。

改革开放以后，村里修建了第一条柏油路，实现了村民无偿使用自来水的愿景。而这些，都是程克兴老人任村委会主任时完成的。如今，村庄的面貌还在继续发生着变化。到目前为止，村里的招商引资已经取得较大的成就，许多加工业来此地发展，租用土地大约2000亩。

（四）家庭情况

程克兴老人的家里一共有五个孩子，四个女儿是亲生的，另外还有一个养子。程家的四个女儿中，最大的50多岁了，属龙，老大和老二相差4岁，老二和老三相差1岁，老三和老四相差4岁。之后，程克兴老人又收养了一个儿子。

程克兴老人已经记不清四个女儿出生的具体年份，但他清楚地记得自己的养子出生于1976年。这个孩子是本庄的，父母早亡，只留下他和一个弟弟。养子在13岁时被程克兴老人收养，之后一直跟程克兴夫妇生活在一起，现已娶妻生子。程克兴老人虽然和儿子已经分家，但是住在同一个大院子里。关于收养儿子这件事，程克兴这样讲述：

> 这个孤儿是当庄的，父母都死了，兄弟俩那时候挺可怜，在家里也没人管。俺那个副主任找了我好几趟，他说你们家没有男孩子，你把这

个孩子拉巴拉巴。孩子过来的时候 13 岁，上三年级，没吃没喝的。

程克兴老人共有 3 个外孙子、4 个外孙女。……大外孙子已经 30 多岁了；二外孙是老二家的，在青岛科技大学上学；老三家的两个女儿一个上大学，一个上小学六年级；老四家的 2 个女儿，一个上二年级，一个上幼儿园。程克兴老人还有一个重孙女，是大外孙的孩子。

程克兴老人的女儿们常来看望父母，她们一般每半个月回来一趟，一个月最少回来两趟。

（五）退休后的生活

退休后，程克兴老人的生活较以往悠闲，但他仍旧管理着村中的部分事务，比如理财小组、文化大院。目前，程克兴老人每个月能领取固定的退休金。村里的退休干部中，老书记提前两届退休，拿着 90% 的退休金。妇女干部、副书记分别于前年、去年退休，领着 80% 的退休金。程克兴老人平常会在文化大院的办公室里看报纸。这个文化大院同时也是老年活动室，里面还有乒乓球、麻将等供老年人使用。此外，程克兴老人也看电视、听新闻，闲来无事就与邻里街坊聊聊国家大事，生活比较自在。尤其是与妻子两个人半个多世纪的互相陪伴令程克兴老人感到生活很幸福。另外，程克兴老人依旧保持着耕种的习惯，打理着家中的土地。

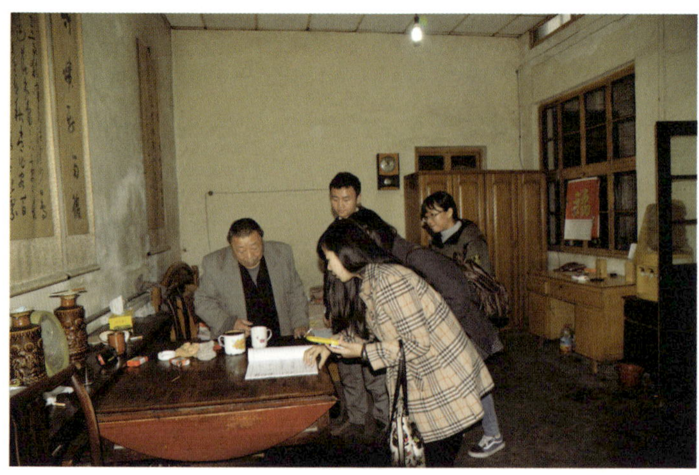

在程克兴老人家中访谈（笔者摄于 2015 年 11 月 15 日）

回首自己的一生，程克兴老人觉得自己“天天高兴”，而让他印象最深刻的还是自己靠抓阄当上了生产队长这件事，他这一当就是几十年。更重要的是，自他上任之后，大队的发展变得越来越好。程克兴老人这样讲述自己的感受。

> 最深刻的是我当生产队长的事。那时候生产队长不好干，最后靠抓阄来决定。一抓阄，我就抓了个生产队长。现在想起来就是个笑话。当了生产队长之后，俺们队搞副业，发生了大变化……其他的队都得俺救济。

如今，程克兴老人最关心的还是村庄的发展，最挂心的就是村里的工作，他希望村里的这些人好好干，把工作搞好，让村里的男女老少都能过上更好的生活。

四、任友河老人的生活史

任友河，男，1955 年在济南市历城区冷水沟村出生(身份证上误记为1953 年)。1963～1968 年在冷水沟小学修读小学课程，1968 年进入冷水沟中学，1970 年进入济南十八中，1972 年高中毕业。高中毕业后，任友河老人进入东郊公社冷水沟大队，在那里干了两年活。1974～1978 年，任友河老人在历城火车站当了 4 年装卸工。装卸工的工作结束后，任友河老人与妻子赵希芳结婚。1978～1982 年，任友河老人在济钢维修铁路，并积累了相当丰富的铁路维修经验，这为他在 2008～2011 年期间担任莱芜市九羊福利铁厂外聘铁路工程师打下了牢固的基础。1982～1991 年，任友河老人与妻子做了一点小生意，他们早上卖油条，而后又卖水果，间或卖一点粉皮之类的食品。在这段时期，任友河夫妇的收入颇丰，有时候一天的盈利能达到三四十元。1991～1996 年，任友河老人将原来的土坯房拆掉，修建了一座四合院砖房。在任友河老人的职业生涯中，他还在济钢搬过水泥枕、钢轨，在山东外运扛过棉布。2011 年，任友河老人的儿子结婚。任友河老人回到冷水沟村，除了种地外，还在村子附近打一点零工。

任友河老人的妻子赵希芳生于 1954 年，初中学历，两人经人介绍相识。自 1978 年结婚后，夫妻俩相伴走过了几十年的风雨。任友河夫妇共育有3 个子女，长女任庆霞生于 1979 年，二女儿任庆娜生于 1982 年，儿子任庆柱生于 1983 年。如今，任友河夫妇居住在儿子任庆柱家中，帮忙照管孙女闹闹。

任友河老人(右三)讲述自己的生活史(钱宏远摄于2015年11月15日)

(一)求学经历

任友河老人出生于1955年,在家中排行第二,还有一个姐姐和一个弟弟。任友河老人的父亲毕业于山东工学院,是新华印刷厂的正式职工。任父一个月的工资是30多元,足够一家人的日常开销。在冷水沟村,任家的家境还算不错。

1963年,任友河老人进入冷水沟小学,那时小学的学制是5年。修完5年的小学课程,任友河老人顺利进入冷水沟中学,初中和高中的学制都是2年。1972年,任友河高中毕业。任友河老人求学时正值“文化大革命”时期。在冷水沟村,虽然“文化大革命”运动对人们生产、生活的影响不像别的地方那么大,但任友河老人的学习还是多少受到了一点阻碍。据任友河老人讲述,济南十八中在“文化大革命”期间“闹得比较厉害”,因此学生们的学习成绩都有所下滑,相较而言,冷水沟村的学生则在考试成绩上有很好的表现。在1970年的初升高考试中,冷水沟村参加考试的学生有80个,顺利考取济南十八中的有50个。1972年高中毕业,任友河老人的求学经历就结束了。与此同时,他丰富的职业生涯正渐次展开。

(二)丰富的职业生涯

1. 从生产队劳力到火车站装卸工

1972年,任友河老人高中毕业后进入东郊公社冷水沟大队,在那里干了两年活。那个时候,村里的青壮年男人一般都会外出工作,而女人和老人则留在家里种地,有去火车站干装卸的,有到城市里做建筑的,任友河老人选择了前者。1974年,任友河老人来到了历城火车站当装卸工,这份工作做了4年。装卸工的工作并不轻松,那时工作一天可以得到2～3角钱的生活补助。补助的多寡以全福立交桥为边界,未过立交桥的补助费为2角,过了这道界线的则是3角。那时2角钱已经足够人们吃上很好的饭菜。在任友河的回忆中,5分钱的菜里就有肉。

1974～1978年,任友河老人在历城火车站当装卸工时,赚到的工钱要经过层层部门的扣除,例如分管历城站的黄台分局、公社等单位,最后生产队再扣除一部分,任友河老人能拿到工钱的10%。那段时期,生产队一个月大约扣除任友河二三十元钱,多的时候扣三四十元钱。任友河老人还能用这笔钱在生产队买到自己在生产队缺下的工分。当时,从当装卸工的工资里提成出来的钱与一个壮年劳力在队里干活赚得的收入相当。那个时候,根据生产队的劳力等级评定,任友河老人往往是一级劳力。因此,任友河老人觉得十分满意。

2. 从济钢工人到小摊贩

装卸的工作干了4年,1978年任友河老人成家了。成家之后,任友河老人就换了一份工作,到济钢当维修工,主要的工作内容是维修铁路。

1982年前后,即改革开放的初期,任友河老人开始做起了小买卖——卖油条。起初,妻子并不同意任友河老人摆摊做生意,因为她觉得做买卖不是正经营生,会让任家在村里丢了脸面。可是任友河老人不这样认为,他觉得做小买卖,一个愿意买,一个愿意卖,没有什么可丢人的。任友河老人为了劝说妻子,还拉上了妻子的两个妯娌,又叫上她的两个兄弟媳妇。一伙人都做起了小买卖之后,妻子的顾虑才打消。

卖油条,需要先到粮库里去取油条,1斤粮票可以取到1斤半油条。那时油条一斤6角钱,用粮票兑换的油条能获得半斤油条的盈利。任友河老

人和妻子每天很早就得起床忙活，加上准备时间、摆摊时间，一直忙活到早上8点钟左右，油条就卖完了。卖油条的日子里，任友河老人和妻子两个人每人能挣20多元，加起来每天的收入就是40多元。除了卖油条之外，任友河老人还卖水果，水果要先到八里桥进货。任友河老人常常买上100公斤的水果囤在家里，再渐次拿出去卖。卖水果的摊子摆在济南市第三医院门口的集市上。慢慢地，任友河老人掌握了做买卖的门道，最好的时候以6角钱一斤买进的梨子能以1.8元一斤的价格卖出。

任友河老人和妻子还卖过粉皮。卖粉皮是在济钢四工地的市场上，这个市场是在职工宿舍旁边的大道上，整条道两边都是做小买卖的。那段时间，任友河老人和妻子很早就得起床，两个人骑着自行车到粉坊里批发粉皮。任友河老人在自行车的两侧各放一个小竹篓，车座上再放一个，一共三个小竹篓。一般情况下，任友河老人骑的那辆车会载上90公斤粉皮，妻子的车则载上75公斤。任友河老人将粉皮载到市场上，卖到10点半左右，第一辆自行车载来的粉皮就卖完了。这车粉皮卖完了之后，妻子又骑着自行车给他送来第二车粉皮，第二车到十一二点钟也会卖完。接着，妻子送来第三车粉皮，这车粉皮可以在下午卖。夫妻俩这样搭档着，一天下来，能卖四五百斤粉皮，盈利是四五十块钱。

那时妻子仍旧觉得做买卖丢人，脸上无光，所以也劝过任友河老人不要再干这行。可是任友河老人觉得如果不干这个，去做壮工，一个人连20元都挣不上，还是做买卖挣得多，更何况卖东西也不累，只要在那儿坐着就行。

刚开始卖粉皮时，任友河老人因为没有经验，不懂得售卖粉皮的行情，还走过了一段曲折的路。任友河老人在市场摆摊卖粉皮的头三天，一斤粉皮都没有卖出去。这是因为市场上买粉皮的人一般都认卖家的粉皮，他们通常买了一家的粉皮之后心里就有数了。如果觉得你的粉皮好，下次就还来你这儿买；如果觉得不好，同等售价的情况下是断定不会来你这儿买的。任友河老人当时是市场里卖粉皮的新卖家，自然不会有人大胆来他这里买粉皮。发现这个现象之后，任友河老人就在心里琢磨，不妨先贱卖。贱卖一般都会有人愿意买，只要有人买，就有人能尝到他的粉皮，而如果顾客觉得他的粉皮不错，那么就不愁没有回头客了。对于这段经历，任友河老人这样讲述：

卖粉皮也不好卖啊！当年，我在那待了3天，一斤也卖不出去。看

> 人家卖粉皮的，一天能卖出好多。人家也不知道咱的粉皮好不好吃，只是不敢要你的。人家一斤卖 0.15 元，我就卖 0.14 元。不行，0.1 元也行。卖 0.1 元的时候，我就赔钱了。我赔钱都卖，我就叫你尝尝我的粉皮，知道好吃不好吃。当初，人家都不吃，都不认，他们知道你粉皮好吃了，最后就卖得顺了。

1 斤 2 两半粮食可以做 1 斤粉皮，1 斤 2 两半粮食的价值相当于 9 分粮票，也就是说，平均下来，1 斤粉皮的成本是 9 分钱。而那时，任友河老人为了快速打开自己的粉皮市场，宁愿将粉皮以低于平均市场售价的价格出售。因为任友河老人的价格与市场平均售价相差甚远，有很多人认为他破坏了市场规则。当时有一个人到市场管理部门举报任友河老人，说他“扰乱市场，一时这个价钱，一时那个价钱”。为此，任友河老人还和市场管理人员理论了一番。

自 1982 年以后，虽然生产队对人们的管理不像以前一样严格了，村民们可以自由选择合法职业，但任友河老人所在的生产队像他这样去做小买卖的人并不多，而北边的滩头庄却有很多做生意的。据任友河老人讲述，冷水沟村因距离工厂较近，村民们能轻易找到活干，可是北边的滩头庄却没有冷水沟村这么多的工作机会，所以滩头庄人倾向于选择做小买卖来维持生计。比如，他们会炸油条、炸面筋，送到市里去卖。也是自 1982 年以后，个人的劳动所得就完全归个人所有了。

1991 年以前，任友河老人还在七里河的山东外运干了一段时间，那时他的工作是扛棉布个子。开工时，任友河老人在仓库门口站着，由一个人将这个棉布个子发到他肩上，他一口气扛着它走到汽车跟前，再将它放下。中途是不能歇息的，因为一歇下来，可没有人帮他再把这块棉布放到肩上。在这样繁重的体力劳动下，任友河老人时常感到腰酸背痛，但长此以往，也就渐渐习惯了。任友河老人这样讲述：

> 棉布个子高 1.8 米，60 厘米，净重 183 公斤。……那时候一个人扛，两个人发给你，放到你肩上，你扛着走。你要在半道里搁下，可没人再帮你放肩上，所以你得一气扛到地方。

3. 重返工厂

1991 年，任友河老人将家里原来的土坯房拆掉，盖起了新房子。盖完房

子以后，因为妻子觉得在工厂干活比做买卖轻快，所以妻子建议任友河老人放弃做买卖，到济钢工作。任友河老人同意了。刚进厂时，任友河老人的工资是 5 元一天，后来又涨到 7 元、8 元、10 元。这件事情，任友河老人这样讲述：

> 盖完房子以后，她就说你别干什么活了，去厂里干活轻快。是轻快，可是它挣钱少啊！也不管它挣多少钱了，就上厂里去了。刚到厂里时才 5 块来钱，随后涨到七八块，又涨到 10 多块。

在济钢工作时，任友河老人的任务是抬水泥枕。一根水泥枕 240 公斤重，四个人一组，每组有规定的工作量，达成任务量才可以收工。工人们抬这种水泥枕时十分吃力，常常因为承受不起这样的重压而摔倒在地。任友河老人这样讲述：

> 一天就干 4 个小时活。哎，上午 2 小时，下午 2 小时。可是那个活干起来，真累啊！一根水泥枕 4 个人抬，多了站不开。水泥枕最初 200 多公斤，后来是 350 多公斤。4 个人抬 350 多公斤，抬不了啊！看着挺壮的，上去就一个跟头一个跟头地摔。一天，俺庄里有个叫东来的，他这一天上午跌了 20 来个骨碌，下午跌了 20 来个骨碌。

除了抬水泥枕之外，任友河老人还要抬钢轨。钢轨重 750 公斤，需要 3 个人搭档。先由两个人借助绳子、架子等工具，合力将钢轨抬起来，放到第三个人推着的车子上。钢轨装车完毕后，就由三个人一起推着，送到指定地点。

2005 年，任友河老人的父亲去世了。2008 年，任友河老人就去了莱芜九羊钢厂工作。那时，济南钢铁厂把济南铁厂、铁矿还有二钢都兼并了，而原来在济南铁厂工作的部分领导就另外办了一个工厂，是为莱芜九羊钢厂。莱芜九羊钢厂成立以后，缺少修铁路的人，钢厂的人得知任友河老人有丰富的铁路修建经验，看得懂工程图纸，于是就专程来到他家，以较高的薪资聘请他去该厂担任外聘铁路工程师。任友河老人凭着技术，一进九羊钢厂就拿到了 2000 元的月薪。3 个月后修了铁路，工资随之涨到了 2500 元，后来又涨到 3000 元，而当时济钢的工资才 1000 元左右。

在莱芜九羊钢厂工作期间，任友河老人一个月回家四五天，基本上是一周休假一天。那时九羊钢厂使用的设计图纸直接从宝钢那里照搬，可是宝钢的图纸不一定适用，于是任友河老人会在原来图纸的基础上进行修改。

图纸修改得好与不好，关系到整条铁路线路的安全，任友河老人身上的责任重大。工作时，任友河老人常常拿着尺子丈量各种用材的长短和车道的宽窄、高矮，看到不合适的地方就督促工人改过来，活是轻松活，但是要时常盯着工人，因为一旦工作失误，就是任友河老人的责任。对于这段经历，任友河老人这样讲述：

> 人工扳道岔，我去了之后修了 2000 米线路、20 个道岔。……我去那边签合同，修的铁路如果不合格，造成的一切经济损失与伤亡事故都由我承担，我的责任挺大的……我在那算是外聘铁路工程师。我也不会设计图纸，新图纸是宝钢设计的，但是我能看懂，有时候帮着把图纸改进改进。……这里占窄了，你就给改宽点。这里占宽了，你给再向里改改。水泥的或木头的，宽了窄了，高了矮了，在这帮人家解决技术上的问题。你说干，人家就干；你叫人家怎么干，人家就怎么干。

在任友河老人和厂方签订劳动合同时，对方给出的建议是首签 10 年，可是任友河老人只跟莱芜九羊钢厂方签了 3 年合同。任友河老人清楚地记得签订合同的日子是 2008 年 2 月 25 日，期满的日子是 2011 年 2 月 25 日。合同到期时，任友河老人向工厂索要 5000 元的续签费，对方只愿意支付 4000 元。双方意见不一，于是任友河老人就放弃了这份工作。那时，正好遇上任友河老人的儿子任庆柱的婚事，于是辞工回家就成了顺水推舟的事情。

4. 回家种地

2011 年以后，任友河老人就一直留在家里，间或在村子周边打打零工，给别人做做桌椅之类的木工活。另外，任友河老人与妻子还耕种家里的3 亩地和邻居家闲置的 5 亩地，地里主要种植小麦和玉米。夫妻两人一起打理，平均下来，一亩地能收获 500 多公斤粮食，一年纯收入 5000～7000 元。好在现在的农业生产已经高度机械化，收割、脱粒都有专门的机器。因此，与往常相比，夫妻俩觉得种地不算很累。

（三）家庭生活

任友河老人的妻子赵希芳老人，生于 1954 年，初中文化。1978 年，两人成婚，婚后育有二女一子，长女任庆霞生于 1979 年，二女儿任庆娜生于 1982 年，儿子任庆柱生于 1983 年。任家三个孩子的生活和工作都不错，任

友河夫妻也过得十分顺心。目前，任友河夫妇与儿子任庆柱生活在一起，帮忙照管孙女闹闹。

在土改划成分时，任友河老人的家庭被划为中农。任友河老人的父亲毕业于山东工学院，后来一直在山东省新华印刷厂工作。任友河老人的二叔任宗贤于1954年从历城中学毕业后考入北京钢铁学院，毕业后一直从事矿山开采工作；1966年支援三线建设，曾主持白石口地下电厂的设计与建设工作，任副总工程师。

赵希芳老人来自历城区遥墙镇。在土改时，赵希芳老人的家庭被划为贫农。赵家曾经在济南花园庄居住过一段时间。那时，赵希芳老人的姑姑、叔叔等都在济南市里做小买卖。赵父是家中长子，家里共有姊妹8个，到了赵希芳老人这个辈分，叔伯姊妹兄弟加起来有17个。花园庄的住所，是当年赵家人花300元买下的，赵家人在这里居住生活了很长时间，直到家中发生了变故：先是赵希芳老人的二婶因病过世，再是三婶触电身亡。因此，二婶家的两个孩子和三婶家的三个孩子就一直靠赵希芳老人的父亲接济着。直到后来，赵父再也无力维持这个大家庭在城市里的生活，就将孩子们都带回遥墙镇新码头。赵父在新码头种地为生。在农村，孩子们能得到的食物较城市多，饥饿的忧患渐渐减轻。中华人民共和国建立后，各方均建议赵父返回花园庄，可是赵父因害怕孩子们挨饿，就拒绝了这个提议。从此，赵希芳老人就和父亲等亲人留在了遥墙镇，而赵希芳的叔叔、姑姑们就留在花园庄。

如今，任友河夫妇住在王舍人镇上的“万象新天”小区，那里有暖气，居住条件比较好。夫妻俩打算以后就在那里养老。

（四）历史记忆

三年自然灾害时期，任友河老人和妻子年纪还小，没粮食吃的时候，他们就吃野菜，或者苞米面、胡萝卜叶子等。有时还去地里挖一些曲曲菜，把它做成菜窝窝，只要能吃饱就行。赵希芳老人这样讲述这段经历：

> 那什么，就到地里去挖野菜吃。再不成就和上点苞米面，那也不孬。你要吃不着这苞米面，还有地瓜、地瓜干。如果吃不到这些，就去地里挖菜。挖菜回来了，炸了，捏成菜窝窝。

任友河老人上小学的时候，“文化大革命”就开始了。在任友河老人的记忆中，冷水沟村那段时间基本没乱过。虽然村里也开批斗大会，批斗的多是富农和地主，但是斗争情况不似其他地方严重。

1976 年毛主席逝世时，任友河老人正在历城火车站干装卸。开毛主席追悼会的情景，任友河老人记得很清楚。赵希芳老人对那天的情景也记得很清楚，那是一个雨天，追悼会在村里举行，村民们都站在雨里，任由雨淋着，哭成一片。

任友河老人还记得，"文化大革命"以后，村民们还吃过忆苦思甜饭。忆苦思甜饭两年吃一回，那天村民们不吃自己家的饭，而到生产队去吃饭，一般是菜窝窝之类的简单食物。吃这种饭是为了提醒人们不要忘记以前的艰辛，要珍惜眼前的美好生活。

据任友河老人回忆，知青下乡时，冷水沟村十几个生产小队，每个小队负责接待四五个知青。这些下乡知青都在知青点上劳动，他们在大队集体吃饭，吃过饭就去各自的生产小队。知青们在冷水沟村待的时间不长，大约两年左右。两年之后，大部分知青都回城了，只有极少数人留了下来。

任友河夫妇生育儿子任庆柱时，正赶上计划生育时期。当时大队对任友河开出的罚款是 5000 元。在那时，任友河所在的小队，家中生育三个孩子的一共有四户人家，任友河家就是其中一户。而那时，队上的领导对计划生育的管理不是非常严格。

1982 年，家庭联产责任承包制实行之后，把土地分给每个家庭。刚开始时，村民们都不愿意分，认为集体制好。村民们感到分地之后会产生种种不便，例如，单浇水一项，集体制时使用生产队的水泵，由两个人专门负责浇水。可是单干了以后，自己家的土地都得自己去浇水，那样太麻烦。可是家庭联产责任承包制仅仅实行了 1 年之后，人们开始觉得还是单干好。因为单干了之后，人们可自由支配的时间变多了，生产意愿也更加自由了，劳作时的偷懒现象也变少了，生产积极性提高了。除此之外，实行家庭联产责任承包制之后的收入情况也有所变化。集体制时期，任友河夫妻俩辛苦劳作，一年到头也不见有多少收入；可是实行家庭联产责任承包制以后，允许众人单干了，收入变多了，挣的钱也可以自由支配了，生活变得越来越好。每当回忆这些年的生活变迁，任友河夫妇感到非常开心、满意，言语中充满了幸福感。

后记

本书在写作过程中得到了众多师友的支持与帮助。

首先，在多次召开的“山东村落田野研究丛书”的研讨会上，文化部民间文化文艺发展中心李松主任、山东大学刘铁梁教授、北京大学赵世瑜教授、齐鲁师范学院刘德增教授、山东旅游职业技术学院陈国忠教授、山东大学张士闪教授等对写作规范、文章的框架结构和思路提出了宝贵建议，在这里表示衷心的感谢！

其次，从2012年至今，冷水沟村的村民为我们的田野调查提供了各种方便、支持与帮助，质朴的民风让我们难以忘怀。特别是刘春财书记、赵红主任为我们引见调查对象，安排落实访谈地点。王希孟老人、李兴禹老人、李兴渭老人、程克兴老人、任友河老人等不厌其烦地为我们讲述村落的历史、文化、习俗和自身的人生经历，对我们了解和呈现村庄提供了最好的材料，使我们能够顺利地完成田野调查。另外，本书还得助于在此未能一一列举姓名、协助我们访谈和为我们的问题解惑的全体村民们。没有你们的支持与合作，本书也不会出版问世，谨此向你们致敬，表示诚挚的谢意。

再次，感谢不辞辛劳整理录音、撰写调查报告、设计课堂展示的同学：山东大学历史文化学院2012级的冼琬奇，2013级的杜武东、万睿祯、王婧娴、王玺杰、王延新、杨建秋、王一凡、蒲定波、钱宏远、乌丽娅斯、陆蔚、朱宏晋、刘浩然、刘晓恒（陕西师范大学交流生），儒学高等研究院的2015级硕士研究生刘晓静。另外，感谢儒学高等研究院2015级硕士研究生罗瑞霞、2016级硕士研究生郭寒冰两位同学，为本书整理生活史材料和碑刻资料花费了大量的时间和精力。

最后，感谢山东大学出版社傅侃编辑、李孝德编辑。在写作与编校过程中，傅侃编辑、李孝德编辑给予了极大的包容和耐心，他们的热情支持和编辑建议为提高本书的质量发挥了重要的作用。

赵彦民

2017年7月29日

图书在版编目(CIP)数据

冷水沟村/赵彦民著.—济南:山东大学出版社,2017.12
(山东村落田野研究丛书/张士闪,李松总主编)
ISBN 978-7-5607-5913-5

Ⅰ. ①冷…　Ⅱ. ①赵…　Ⅲ. ①村史—历城区
Ⅳ. ①K295.25

中国版本图书馆 CIP 数据核字(2017)第 328663 号

责任策划:傅　侃
责任编辑:李孝德
装帧设计:牛　钧

出版发行:山东大学出版社
社　址　山东省济南市山大南路 20 号
邮　编　250100
电　话　市场部(0531)88363008
经　销:山东省新华书店
印　刷:山东华鑫天成印刷有限公司
规　格:720 毫米×1000 毫米　1/16
9.75 印张　143 千字
版　次:2017 年 12 月第 1 版
印　次:2017 年 12 月第 1 次印刷
定　价:38.00 元
